SPARKNOTES™

세일즈맨의 죽음

Death of a Salesman

아서 밀러

다락원 | Spark Publishing

Death of a Salesman by Arthur Miller

SPARKNOTES 032

세일즈맨의 죽음

펴낸이 정규도
펴낸곳 (주)다락원

초판 1쇄 인쇄 2010년 11월 11일
초판 1쇄 발행 2010년 11월 18일

책임편집 안창열
디자인 정현석
번역 지소철
표지삽화 손창복

다락원 경기도 파주시 교하읍 문발리 509-1
내용문의: (031)955-7272(내선 400)
구입문의: (02)736-2031(내선 112~114)
Fax:(02)732-2037
출판등록 1977년 9월 16일 제300-1977-23호

Copyright © 2010, 다락원

값 7,000원

ISBN   978-89-277-1981-6   43740

세계의 교양을 읽는다

고전을 왜 읽는가?

인간의 삶과 세상에 대한 영원한 물음이 있기 때문이다. 시대와 사상을 뛰어넘어 지금 여기 우리에게 필요한 물음이 없는 고전은 더 이상 고전이 아니다. 인간과 삶에 대한 근원적인 물음 없이 고전을 읽는다면 자신과 인간에 대한 성찰과 지혜로 이어지지 않는다. 논술 시험 때문에, 과제물 때문에, 아니면 남들이 읽으니까, 나도 읽는다는 식이라면 그 책은 죽은 책일 수밖에 없다.

고전을 살아 있는 책으로 만드는 이 '물음!'에 답하기 위해서는 좋은 길잡이가 필요하다. 오랜 기간 동안 미국의 고교생과 대학 주니어들이 시험, 에세이 작성, 심층토론 준비를 위해 바이블처럼 애용해온 'SPARKNOTES'와 'CliffsNotes'는 바로 그런 좋은 길잡이의 표본이다.

SPARKNOTES와 CliffsNotes의 가장 큰 장점은 방대하고 난해한 고전을 Chapter별로 요약하고 분석해서 원전의 내용에 보다 쉽고 체계적으로 접근하는 신속·간편성이라고 할 수 있다.

대입논술로 고민하고, 자칭 타칭의 고전이 넘쳐나는 오늘의 독서 풍토에서 지적 정복이 긴박한 대한민국 학생들에게 감히 이 시리즈를 자신있게 권한다.

—以貫之 논술연구모임 연구실장 이호곤

차례

이 책의 구성

SPARKNOTES와 CliffsNotes는 방대하고 난해한 원작을 보다 쉽게 이해할 수 있도록 돕는 안내서입니다. 여기에는 원작 이해를 돕기 위해 매 장마다 '요점 정리(또는 줄거리)'와 '풀어보기'가 실려 있습니다. '요점 정리(또는 줄거리)'에는 원저의 내용을 일목요연하게 정리해 놓아 저자가 전달하려는 내용을 어렵지 않게 파악할 수 있습니다. '풀어보기'에서는 철학서의 경우, 원저에 담긴 저자의 사상이나 관련 철학, 시대 상황, 논점 등을, 문학 작품인 경우에는 원작에 담긴 문학적 경향, 등장인물의 심리상태, 주제 등을 설명해 놓았습니다. 분석적이고 비판적인 글읽기의 바탕이 되는 요소들이죠. 비소설이나 소설을 막론하고 분석적이고 비판적인 글읽기는 독자에게 꼭 필요한 자질입니다.

그밖에도 원저를 좀더 깊이 복습해서 제대로 소화할 수 있도록 돕기 위해 'Study Questions'와 'Review Quiz' 등을 마련해 놓았습니다.

* 〈 〉는 철학서, 장편소설, 중편소설, 수필집, 시집. " "는 단편소설, 논문
* 작품명은 독자의 이해를 돕기 위해 예외적인 경우를 제외하고는 영어식으로 표기함.

간추린
명작
노트

작가와 작품에 대하여

1915년 10월 17일, 뉴욕에서 태어난 아서 밀러 Arthur Miller는 미시간 대학교 재학 시절에 극작가로서 첫 발을 내디뎠다. 그 당시 집필한 초기 몇 편의 희곡들은 상을 받기도 했으며, 4학년 때는 디트로이트의 페더럴 시어터 프로젝트(the Federal Theatre Project)에서 실제 공연된 작품도 있다. 밀러는 그의 최초 걸작으로 꼽히는 전쟁 비판 심리극 〈모두가 내 아들인 걸 *All My Sons*〉(1947)로 비평가와 관객들의 호평을 받았고, 2년 후에는 미국의 가장 위대한 비극작품이라고 평가되는 〈세일즈맨의 죽음 *Death of a Salesman*〉으로 퓰리처 상을 수상하면서 미국의 본질을 꿰뚫어보는 작가로 명성을 얻었다. 1953년에는 1950년대 미국 사회에 휘몰아쳤던 매카시 열풍을 17세기 뉴잉글랜드의 마녀사냥에 빗대어 신랄하게 비판한 〈크루서블 *The Crucible*〉을 발표했으며, 뉴욕 드라마 비평가상 두 차례와 〈깨진 유리 *Broken Glass*〉(1933)로 런던에서 공연된 연극 가운데 최고 작품에 수여하는 올리비에 상을 수상했다.

밀러의 작품 중 가장 유명한 〈세일즈맨의 죽음〉은 한 가정 안에서 벌어지는 갈등을 묘사하고 있지만, 미국의 국

민적 가치들과 관련된 더 큰 문제들도 다루면서 아메리칸 드림에 대한 맹목적인 믿음으로 인해 치러야 하는 대가를 천착하고 있다. 이런 측면에서 이 작품은 소포클레스*의 〈오이디푸스 왕 Oedipus Trilogy〉으로 대표되는 고전적 비극의 전통 속에서 전후 미국의 개인적 비극을 해석하는 시각을 보여주고 있다. 밀러는 미국이 전후 경제에 의해 길들여진 자본주의적 물질만능주의를 중심으로 형성된 그릇된 신화를 팔고 있다고 비난하고, 그런 물질만능주의가 개인적 진실과 미국 건국의 아버지들이 묘사한 본래 아메리칸 드림의 도덕적 측면을 모호하게 만들었다고 주장한다.

〈세일즈맨의 죽음〉은 발표된 지 반세기 이상 세월이 흘렀지만 여전히 아주 매력적이고 호소력 넘치는 작품이다. 국가적·개인적 자기분석과 비판이 끊임없이 이루어지는 오늘날의 시각에서는 미국의 근원적인 가치들과 물질적 성공이라는 아메리칸 드림에 대한 고발은 다소 별것 아닌 듯 보일 수도 있겠지만, 그 당시로서는 매우 충격적이고 급진적인 것이었다. 제2차 세계대전이 끝나자 미국은 대단히 심각하고 해결하기 힘든 국내적인 긴장과 모순에 직면했다. 전쟁에서 승리한 후 표면적으로는 유례없이 강한 자신감,

---

* **소포클레스**(Sophocles. 496?-406 B.C.?): 그리스 비극시인. 아이스킬로스의 뒤를 이어 그리스 비극을 완성시켰으며, 정치가로도 활약했다. 주요 작품은 〈안티고네〉 등.

번영에 대한 기대감과 안정감이 팽배했지만, 시시각각 소련
과의 긴박한 냉전 속으로 빠져들고 있었던 것이다. 미국이
평화롭고 동질적이며 혐오스러울 만큼 희희낙락한 황금기
로 접어들었다는 신화의 확산은 공산주의에 대한 끊임없는
우려, 심각한 인종 갈등, 그리고 전반적으로 간과된 사회경
제적 계층화 등으로 인해 주춤해졌다. 많은 미국인들은 한
적한 교외에 살며 번영과 벼락경기를 누리던 보수 중산층
들이 옹호한 사회적 일치감의 정도와 이념적·문화적 정통
성에 동의할 수 없었다.

　이처럼 거부와 불화가 팽배하는 분위기에 불안을 느껴
등장한 새로운 세대의 예술가와 작가들은 실존주의 철학과
전후의 위선적 사회 상황에 자극을 받아 개인의 의미를 자
각하고 표현하기 위한 투쟁에 뛰어들었다. 불만에 가득 찬
그들은 너무도 많은 미국 가정들이 자본주의적 성공을 사
회적 성공의 기준으로 삼고 물질적 소유(자동차, 가전제품,
특히 당시 막 보급되기 시작한 텔레비전)를 삶의 중심에 둔
채 역시 물질만능주의에 물든 이웃들에 뒤쳐지지 않기 위
해 전전긍긍한다고 비난했다.

　미국 예술계의 풍토도 전후 정점에 이른 유럽의 모더
니즘과 현대 예술·문학과 관련된 각종 사조(思潮. -ism)
의 궤적을 좇은 결과, 순응과 혼동, 무질서라는 나름의 인습
에 오랫동안 빠져 있었다. 인간 존재를 규정하고 인정하는

작업에서 잠재의식의 역할을 적용한 지그문트 프로이트*와 카를 융**의 개념들은 인간 각자의 존재를 자신만의 조건 속에서 이해하는 개인의 책임을 강조한 실존주의 철학과 더불어 전후 예술가와 작가들의 상상력을 사로잡았다. 실존주의 철학과 관련된 희곡으로 가장 유명하며 널리 읽힌 작품은 아마 새뮤얼 베케트***의 〈고도를 기다리며 Waiting for Godot〉일 것이다. 유럽의 실존주의 철학을 특별히 미국적으로 형상화한 밀러는 미국 특유의 성공과 개인성에 대한 이상적인 개념들을 구체화하고 가공해냈다.

〈세일즈맨의 죽음〉에 나타나는 극적 갈등의 밑바탕에는 세일즈맨이었던 삼촌 매니 뉴먼과 밀러의 갈등관계가 깔려 있다. 끊임없이 자기 아들과 밀러가 서로 경쟁한다고 상상했던 뉴먼은 실패를 인정하지 않으려 했고, 자기 집안을 최대한 믿는 모습을 보이도록 요구했다. 이전에 성공하지 못한 세일즈맨을 소재로 단편소설을 쓴 적이 있던 밀러는 그 같은 삼촌과의 관계로 인해 그 원고에 다시 관심을

---

* **지그문트 프로이트**(Sigmund Freud. 1856-1939): 오스트리아의 심리학자이자 정신분석의 창시자. 심리학과 정신의학뿐만 아니라 사회학, 사회심리학, 범죄학 등에도 커다란 영향을 주었다. 주요 저서는 〈꿈의 해석〉 등.

** **카를 융**(Carl Jung. 1875-1961): 스위스 정신의학자이자 분석심리학의 창시자. 인간의 정신 속에 끊임없이 각인된 신화, 전설, 꿈, 환상 등이 어떤 기본적인 인간 상황을 나타내는 원형의 이미지라고 주장하면서 이성주의와 과학주의를 넘어 인간 중심의 신비를 탐색하고 분석했다.

*** **새뮤얼 베케트**(Samuel Beckett. 1906-89): 아일랜드 출신 소설가, 희곡작가. 1969년 노벨문학상 수상. 주요 작품은 〈행복한 나날들〉 등.

갖게 되었고, 결국에는 그것을 미국 연극사에서 가장 성공적인 작품으로 바꿔놓았다. 매니 뉴먼에게서 영감을 받은 정서들을 윌리 로먼이란 가공인물을 통해 표현함으로써 미국인들의 심금을 울릴 수 있었던 것이다.

　　제1막. 플루트 연주 소리가 들린다. 어느 날 밤 환갑이 넘은 세일즈맨 윌리 로먼이 커다란 견본가방 두 개를 들고 브루클린에 있는 집으로 돌아온다. 아무 성과 없는 영업출장으로 무척 지쳐 있는 윌리. 아내 린다는 출장을 다니지 않아도 되도록 사장인 하워드 와그너에게 뉴욕 본사에서 일하게 해달라고 부탁하라며 남편을 설득한다. 윌리는 내일 하워드에게 말하겠노라고 대꾸한다. 윌리는 현재 집에 잠시 와 있는 큰아들 비프가 아직 제대로 돈벌이를 못하고 있다고 불평한다. 린다는 큰 아들을 너무 몰아붙이지 말라며 남편을 달랜다. 윌리는 밤참을 먹으러 주방으로 간다.

　　윌리가 주방에서 혼잣말을 하고 있을 때 비프와 동생 해피가 침대에서 일어나 청소년기를 추억하며 아버지에 대해 이야기한다. 윌리의 혼잣말에는 비프가 자기의 기대에 미치지 못한다는 비난이 담겨 있다. 자신들의 삶에 만족하지 못하는 비프와 해피가 멀리 서부로 가서 목장을 사는 환상에 즐거워할 때, 윌리는 회상에 빠져든다. 어린 시절로 돌아간 비프와 해피는 아버지의 자동차를 닦고 있고, 윌리는 그런 아들들을 보며 흐뭇해한다. 고등학교 시절 미식축구 스타인 비프와 어린 모습의 해피가 등장한다. 윌리는 이제 막 출장에서 돌아왔고, 서로를 대하는 부자들의 모습이 정겹다. 아들들은 늘 아버지와 함께 지내기를 원하고, 윌리는 그들에게 머지않아 옆집에 사는 친구 찰리보다 더 큰 사업을 벌이겠다고 장담한다. 찰리의 아들 버너드가 등장해 비프에게 수학 시험 준비를 해야만 낙제를 면할 수 있다며 자기 집으로 오라면서 퇴장한다. 윌리는 버너드가 '성적은 좋을지 모르지만' 사회에 나오면 '미끈하게 생긴 너희들보다'는 두각을 나타내지 못할 것이라고 힘주어 말한다.

　젊은 모습의 린다가 등장하고 아이들은 어머니의 집안일을 거들기 위해 퇴장한다. 윌리는 이번 출장에서 대단한 실적을 올렸다고 자랑하지만, 린다는 부드러운 말로 이번 여행의 성과가 실제로는 그렇게 대단하지 않은 것이라고 인정하게 만든다. 윌리는 머지않아 자동차와 전자제품의 할부금을 내지 못하게 될지 모른다고 불평하면서, 사람들이 자기를 별로 좋아하지 않고 비웃는 것 같은 생각이 들며 영업도 잘 하지 못한다고 한탄한다. 린다가 남편을 위로하고 있을 때, 어둠 속에서 '여자'의 웃음소리가 계속 들린다. 윌리는 린다에게 고생만 시킬 것 같고, 자식들 일자리도 마련해 줄 수 없을 것 같다며 씁쓸해한다. 윌리가 계속 웃고 있는 '여자'에게 다가가면서, 과거의 기억 속으로 빠져든다. '여자'는 윌리와 시시덕거리면서 스타킹 선물에 고맙다고 말한다.

　여자가 사라지고, 윌리는 다시 그 이전의 과거로 돌아와 있다. 주방 식탁에서 스타킹을 꿰매면서 자격지심을 갖지 말라고 위로하는 린다에게 윌리는 스타킹을 깁고 있는 모습이 보기 싫다며 내다버리라고 말한다. 린다는 스타킹을 주머니에 집어넣는다. 버너드가 나타나 공부를 안 하면 낙제한다며 비프를 찾는다. 린다는 비프가 훔친 축구공을 돌려주어야 한다고 윌리에게 말하면서, 여자애들에게도 거칠게 행동해서 어머니들이 겁을 낸다는 말도 덧붙인다. '여자'의 웃음소리가 들린다. 윌리가 느닷없이 버너드와 린다에게 '닥치라'며 고함을 지른다. 버너드와 린다가 퇴장하고 과거의 기억도 끝나지만, 윌리는 계속 혼자 중얼거린다. 해피가 아래층으로 내려와 윌리를 진정시키려 한다. 윌리가 흥분하며 형 벤을 따라 알래스카에 가지 않은 것을 후회한다. 벤은 그 후 아프리카에서 다이아몬드 광산으로 큰 부자가 되었다.

소란스러운 소리에 궁금증이 생긴 찰리가 윌리네 주방으로 들어온다. 해피는 잠자리에 들고, 윌리와 찰리는 카드 게임을 시작한다. 찰리는 일자리를 제안하지만, 모욕감을 느낀 윌리가 거절한다. 둘이 논쟁을 벌이는 가운데 윌리의 기억에서 60대의 건장한 벤이 여행가방과 우산을 들고 나타난다. 윌리는 자기도 모르게 찰리를 벤이라고 부른다. 윌리의 집을 둘러본 벤은 기차를 타고 알래스카에서 관리하고 있는 부동산을 보러 가야 하기 때문에 시간이 없다고 말한다. 윌리가 벤에게 알래스카에 가면 성공할 가능성이 있는지 묻자, 찰리가 곁에 아무도 없는 것을 확인하고는 어리둥절해서 자꾸 질문한다.

윌리는 찰리에게 카드 게임을 못한다며 고함을 지르고, 찰리는 퇴장한다. 과거 젊은 시절의 린다가 들어와 벤을 만난다. 궁금증이 생긴 윌리는 비프와 해피를 불러 형에게 인사를 시키면서 지난 이야기와 가문에 대해 들려주라고 말한다. 벤은 가족을 마차에 싣고 대륙을 횡단하며 플루트를 만들어 팔았던 아버지에 대해 이야기한다. 벤이 떠나려고 하지만 윌리는 계속 추억에 잠긴다. 찰리와 버너드가 뛰어 들어와 다급한 목소리로 비프와 해피가 목재를 훔치려 한다고 말한다. 윌리는 자꾸 벤을 잡지만 벤은 아이들을 잘 키웠다며 자기는 '스물한 살에 부자가 되었다'고 말하고는 어둠 속으로 걸어간다. 윌리는 계속 벤에게 이야기한다.

다시 현재. 린다가 등장해 집 밖에 나와 있는 윌리를 발견한다. 윌리는 슬리퍼를 신은 채 사라진다. 비프와 해피는 아래층으로 내려와 윌리의 상태에 대해 린다와 상의한다. 린다는 가족을 위해 방방곡곡을 돌아다니며 지칠 대로 지친 아버지에게 너무 모질게 대한다며 비프를 꾸짖는다. 비프는 아버지는 정체를 아는 사람이 곁에 있는 것을 꺼릴 뿐이라고 대꾸하면서도 아버지와 자기 사이의 일이라며 말문을 닫는다. 린다는 윌리가 자동차 사고를 위장해 자살을 시도했는가 하면, 지하실에서는 자살용 고무호스도 발견했다는 사실을 털어놓는다. 화가 난 해피는 비프가 불성실하기 때문에 성공하지 못했다고 나무란다. 그때 윌리가 들어와 비프에게 멋대로 살라며 핏대를 세운다. 해피가 끼어들어 형이 과거에 다녔던 회사의 사장 빌 올리버에게 돈을 빌려 형제가 함께 운동기구 판매 사업을 시작할 것이라고 말한다. 귀가 솔깃해진 윌리는 돈을 꿀 때의 자세에 대해 조언을 늘어놓는다. 그 후로도 사업에 대한 논쟁과 화해가 이어지다가 모두 잠자리에 든다.

제2막. 윌리가 주방 식탁에 앉아 커피를 마시고 있다. 모처럼 늦잠을 즐긴 윌리는 밝은 미래에 대해 생각하다가 곧 가전제품들이 너무 부실하고 비싸다며 화를 낸다. 린다는 그날 저녁에 비프와 해피가 멋진 식당으로 아버지를 초대해서 식사를 함께할 것이라고 말한다. 한껏 고무된 윌리는 자기도 사장 하워드 와그너에게 반드시 뉴욕에서 일할 수 있도록 만들겠다고 큰소리친다. 윌리가 사라지고, 린다는 손을 흔든다. 전화벨이 울리고 린다가 비프와 통화한다. 린다는 아들로부터 아버지를 잘 모시겠다는 다짐을 받는다.

조명이 점차 린다에게서 하워드에게로 넘어간다. 하워드는 사장실에서 녹음기를 만지작거리고 있다. 윌리는 뉴욕에서 일하는 문제를 상의하려고 들지만 하워드는 윌리의 말을 막고서 녹음기에 녹음된 가족들의 음성을 들려준다. 마침내 윌리가 말을 꺼내지만, 하워드는 청을 들어주지 않는다. 윌리는 여든네 살 된 데이브 싱글맨이란 전설적인 세일즈맨에게 감동받아 열아홉 살 때 세일즈에 뛰어든 경위를 늘어놓고 하워드 선친과의 관계에 대해 말을 꺼내려 하자 하워드는 나가버

린다. 자신의 행동에 대해 꺼림칙해하던 월리의 실수로 녹음기가 켜지고 하워드 아들의 목소리가 흘러나온다. 깜짝 놀란 월리가 하워드를 불러 녹음기를 끄게 한다. 하워드는 '허황된 자부심을 버리고 푹 쉬라'며 퇴장한다. 여행가방과 우산을 든 벤이 등장해 임야 관리인이 필요하다며 월리에게 함께 알래스카를 가자고 말한다. 젊은 린다가 아들들의 미래와 월리의 안정적인 직업에 대해 말해 준다. 고등학생 비프가 등장한다. 월리는 비프의 미래가 밝고 다른 사람들이 비프를 아주 좋아할 것이라고 자랑한다.

벤이 퇴장하고 비프가 출전하는 미식축구 경기를 관전할 생각에 잔뜩 흥분한 버너드가 뛰어 들어온다. 월리는 비프에게 그 경기에 대해 낙관적인 얘기를 해준다. 찰리가 그 경기를 두고 놀리자, 월리가 쫓아낸다. 월리는 무대 뒤쪽에서 계속 소리를 지르고, 찰리의 비서 제니는 장성한 버너드에게 월리를 진정시켜 달라고 부탁한다. 월리는 버너드를 보자 깜짝 놀란다. 재판을 의뢰받아 워싱턴에 간다는 버너드의 말에 월리는 비프가 '큰 사업'을 한다고 떠벌인다. 기가 꺾인 월리가 버너드에게 성공 비결과 비프가 인생에 실패하게 된 이유를 묻자, 보스턴에서 무슨 일이 있었는지, 왜 비프가 여름학교에 가지 않았는지 등의 질문이 돌아온다. 월리는 주춤하며 자기를 탓하지 말라고 얼버무린다.

찰리가 버너드를 배웅한다. 월리가 평소보다 많은 돈을

빌려달라고 요구하자 찰리가 다시 일자리를 제안한다. 윌리는 그 제안을 거절하며 해고 사실을 밝힌다. 찰리는 윌리가 항상 자기를 시기해 왔다고 나무라면서 돈을 건넨다. 윌리는 '둘도 없는 친구'라며, 울음을 터뜨릴 듯한 표정으로 찰리의 사무실을 나간다.

해피는 프랭크 식당에서 웨이터 스탠리가 식탁 차리는 것을 도와주고 있다. 둘은 식당에 들어온 미스 포사이드란 여자에게 추파를 던지며 시시덕거린다. 비프가 식당으로 들어오자 해피는 그녀를 소개하며 계속 치근덕거린다. 미스 포사이드는 해피의 청에 따라 친구에게 전화를 걸기 위해 퇴장한다. 비프는 빌 올리버를 여섯 시간이나 기다렸으나 자신을 기억조차 못했다고 털어놓는다. 자신이 올리버의 세일즈맨이었다는 잘못된 믿음을 계속 심어준 아버지에게 화가 난 비프는 아버지의 환상을 깨기로 마음먹지만, 해피가 만류한다. 윌리 등장. 비프는 처음에는 부드럽게 올리버의 사무실에서 있었던 일에 대해 이야기한다. 윌리는 무심코 해고 사실을 말해 버린다. 깜짝 놀란 비프는 쉽게 사실을 털어놓을 수 있게 되었다고 생각한다. 비프가 얘기를 꺼내려는 순간 해피가 끼어들어 형이 성공했다는 말을 하고, 윌리는 그 희소식을 빨리 듣고 싶다며 비프를 재촉한다.

비프는 마침내 윌리에게 자기 말을 들으려 하지 않는다며 화를 낸다. 소년 버너드가 다급하게 린다를 부르며 문을 두드린다. 비프와 해피, 윌리가 말다툼을 시작한다. 비프가 지난 일을 설명하는 가운데 대화는 점점 작아져 들리지 않는다. 소년 버너드가 린다에게 비프가 수학에서 낙제했다는 사실을 전한다. 식당 안의 대화 소리가 커지면서 윌리가 겨우 수학에 낙제했다며 비프를 꾸짖고 있다. 린다는 비프가 졸업을 하고 대학에 가야 한다며 아들을 찾자 버너드가 센트럴 역으로 갔다고 말해 준다. 갑자기 보스턴 호텔의 전화교환원 목소리가 들리자, 윌리는 "없다고 그래!"라고 소리친다. 놀란 비프는 윌리를 진정시키려 애쓰면서 올리버가 자기에게 투자하는 문제를 동업자와 의논할 것이라고 둘러댄다. 윌리가 다시 관심을 보이며 꼬치꼬치 캐묻자 비프는 짜증을 내며 소리를 지른다. 다시 '여자'의 웃음소리가 들리자, 윌리는 고함을 지르며 비프를 때리고 비틀거린다. 미스 포사이드가 레타와 등장한다. 비프는 나가는 윌리를 부축해 준 다음, 해피가 여자들과 시시덕거리는 모습을 보고는 아버지 문제로 말다툼을 한다. 비프는 화를 내며 밖으로 뛰쳐나가고, 해피는 여자들과 함께 비프를 쫓아간다.

윌리와 속치마 차림의 '여자'가 등장해 농을 친다. 그때 문을 두드리는 소리가 계속되자 윌리가 여자를 욕실로 들여보내고 문을 연다. 가방을 든 채 서 있던 소년 비프가 학년말 수학 시험에 낙제해 졸업을 못하게 되었다면서 아버지의 언변으로 선생님을 설득해 달라며 함께 가자고 말한다. 윌리는 비프를 방에서 내보내려 하지만, 비프가 수학 선생님이 자기를 미워하는 이유가 있다며 혀 짧은 말을 흉내 내자, 윌리와 '여자'가 웃음을 터뜨린다. '여자'와 마주친 비프는 윌리의 변명을 곧이듣지 않고 '엉터리 사기꾼'이라고 울부짖으며 가방을 들고 뛰쳐나간다. 윌리는 무릎을 꿇은 채 남아 있다.

프랭크 식당. 윌리는 부축해 주는 스탠리에게 씨앗가게가 어딘지 묻고 위치를 알려주자 서둘러 그곳으로 향한다.

해피가 주방으로 들어와 린다를 찾다가 거실에 앉아 있던 린다가 다가서자 뒷걸음질 친다. 비프가 들어오자 해피의 손에 들린 꽃다발을 쳐서 떨어뜨린 린다는 아버지를 버렸다며 아들들에게 소리를 지른다. 해피는 린다를 달래려 하다가 말없이 2층으로 올라간다. 아버지와 당장 얘기를 나눠야겠다며 밖으로 나간 비프는 마당에 씨앗을 심고 있는 윌리를 발견한다. 윌리는 벤에게 2만 3천 달러짜리 계획에 대해 상의하고 있다. 비프는 윌리에게 다가가 작별인사를 하고 안으로 데리고 들어가려 한다. 앞장서서 집 안으로 들어간 윌리는 비프에게 실패를 아버지 탓으로 돌리지 말라며 화를 낸다. 해피가 비프를 말리지만 비프와 윌리는 고성을 주고받는다. 비프가 흐느끼며 안기자 윌리는 말없이 아들의 얼굴을 어루만진다. 비프가 자기 방으로 간다. 윌리는 비프가 '아비를 위하고 아비 품에 안겨 울었다'며 좋아한다. 모두 잠자리에 들고, 다시 벤과 대화를 시작한 윌리는 보험금 2만 달러만 있으면 비프가 다시 버너드보다 더 성공할 것이라고 상상하며 으쓱해진다. 린다가 윌리를 부르지만, 아무 대답이 없다. 비프와 해피도 대답을 기대하며 귀를 기울인다. 윌리의 자동차가 굉음을 내며 출발하고 전속력으로 질주하는 소리가 들린다.

조문객이 거의 없는 초라한 장례식이 끝난 후 충격에 휩싸인 린다와 해피가 서 있다. 비프는 아버지가 '하나같이 당치 않은 꿈'을 가졌다고 말한다. 찰리는 윌리가 세일즈라는 직업의 희생자였을 뿐이라고 옹호한다. 함께 서부로 가자는 형에게 해피는 뉴욕에서 아버지의 죽음이 헛되지 않았다는 것, 아버지가 이루지 못한 것을 대신 보여주겠다는 결심을 밝힌다. 린다는 윌리에게 올 수도 없다며 사과하다가 "이젠 빚도 다 갚고 자유롭게 살 수 있는데…"라며 울음을 터뜨린다. 모두 퇴장하고 막이 내릴 때 플루트 연주 소리가 들린다.

등장인물

● **윌리 로먼** Willy Loman ｜ 정신이 불안정하고 자기망상에 빠져 있는 출장 세일즈맨. 쉽게 성공하고 돈을 벌 수 있다는 아메리칸 드림을 진심으로 믿지만 결코 그 꿈을 이루지는 못한다. 그의 아들들도 성공할 것이라는 아버지의 기대를 충족시켜 주지 못한다. 윌리의 환상이 삶이라는 절박한 현실에 눌려 실패하기 시작하면서 그의 정신도 분열되기 시작한다. 이상과 현실의 괴리로 빚어진 극도의 긴장감은 윌리를 움직이는 사회적 의무로 인한 긴장감과 더불어 〈세일즈맨의 죽음〉의 핵심적인 갈등요소를 형성한다.

● **비프 로먼** Biff Loman ｜ 윌리의 서른네 살짜리 큰아들. 미식축구 선수로서 고교 시절을 화려하게 보냈다. 장학생으로 대학에 입학할 예정이었고 좋은 친구들을 많이 사귀었으며 그를 흠모하는 여학생들도 많았다. 그러나 학년말 수학 시험에 낙제하고 학점이 모자라 졸업을 하지 못하게 되면서 줄곧 도벽(盜癖)으로 인해 구하는 직장마다 해고당하고 만다. 윌리의 나약하고, 낭만적이며, 비극적인 면을 대표하는 인물. 아버지의 허황된 꿈을 저버리고 서부로 가서 몸으로 때우는 일을 하라는 본능을 간과하지 못하고, 결국 아

버지의 기대와 자신의 삶을 조화시키는 데 실패한다.

● **린다 로먼** Linda Loman ┃ 윌리를 충실히 내조하고 사랑하는 아내. 윌리의 거창한 꿈과 망상을 묵묵히 참아내며 가끔은 화려한 영광과 성공을 꿈꾸는 남편의 자기망상에 속는 듯 보여도 남편보다 훨씬 더 현실적이고 강한 듯하다. 성공을 향한 윌리의 잘못된 노력들에도 불구하고 가족을 잘 꾸려왔으며, 그녀의 정서적인 힘과 인내력은 윌리가 삶을 포기할 때까지 그를 지탱해 주는 원동력이 된다.

● **해피 로먼** Happy Loman ┃ 윌리의 서른두 살짜리 작은 아들. 비프의 그늘 속에서 살았지만, 무분별한 성적 충동과 직업적 야망을 키워 그런 삶을 보상받고자 한다. 실제보다 더 자기를 중요한 사람으로 인식하는 착각, 야망, 사회적 기대치에 대한 맹목적 복종 등, 윌리의 부정적 의식을 대표한다. 백화점에서 보조구매원 조수로 일한다. 직업윤리도 타락했으며, 상사들의 애인들을 꼬여 잠을 자기도 한다.

● **찰리** Charley ┃ 옆집에 사는 윌리의 친구이자 성공한 사업가. 윌리는 찰리의 성공을 시샘한다. 윌리에게 받을 생각 없이 생활비를 빌려주고 일자리도 제안하는데, 어느 순간 윌리도 울음을 삼키며 찰리가 유일한 친구라고 고백한다.

● **버너드** Bernard | 찰리의 아들이며 성공한 변호사. 월리는 버너드가 공부만 한다고 조롱하곤 했지만, 언제나 월리의 아들들을 진심으로 사랑했으며 특히 비프를 영웅으로 생각했다. 월리는 버너드의 성공을 인정하기 힘들다. 자기 아들들의 삶이 그에 미치지 못하기 때문이다.

● **벤** Ben | 월리의 성공한 형. 최근에 세상을 떠났으며 월리의 '백일몽'에만 등장한다. 월리에게는 자신과 아들들이 그토록 절실하게 바라는 성공의 상징이다.

● **'여자'** the Woman | 해피와 비프가 고등학생 시절 월리와 정을 통하는 여자. 여자의 관심과 칭찬은 월리의 나약한 자아를 고무시킨다. 비프는 여자와 호텔방에 함께 있는 월리를 본 순간부터 아버지에 대한 믿음이 사라졌고, 수학 시험에 통과해 대학에 가야겠다는 꿈도 접는다.

● **하워드 와그너** Howard Wagner | 월리가 다니는 회사의 사장. 월리가 '명인(名人)', '왕자'로 여기는 그의 아버지로부터 회사를 물려받았다. 월리보다 한참 어린 나이지만 월리를 아랫사람처럼 대하며, 월리가 갓난아기 때 직접 그의 이름을 지어주었다는 쓸쓸한 주장에도 불구하고 결국 해고시킨다.

● **스탠리** Stanley | 프랭크 식당에서 일하는 웨이터. 스탠리와 해피는 적어도 안면이 있는 사이인 듯한데, 비프와 윌리가 식당에 오기 전에 미스 포사이드에게 농담을 던지고 치근댄다.

● **미스 포사이드와 레타** Miss Forsythe and Letta | 해피와 비프가 프랭크 식당에서 만난 젊은 여자들. 해피가 그녀들의 도덕성에 대해 되풀이 언급하는 것과 그녀들이 '불려 나와' 있다는 사실로 볼 때 콜걸일 가능성이 크다.

제니 Jenny | 찰리의 비서

윌리 로먼

과거를 통해 인생의 해답을 간절히 구하지만 비극적 주인공의 특징인 자기실현과 자기인식에는 이르지 못한다. 언뜻 해결책으로 보이는 자살도 진실을 단지 부분적으로밖에 드러내지 못한다. 자기 자신과 세일즈란 직업의 근본적인 성격을 직업적으로는 이해하고 있으면서도, 아주 정교하게 구축된 인생의 기만적 틀로 인해 개인적 실패, 그리고 자기 영혼과 가족의 배반을 깨닫지 못하고 있다. 말 그대로 Loman, 즉 '하층민(low man)'으로서의 자신을 진정 인격적·정서적·정신적으로 이해하지 못하고, 자신의 'willy'-ness, 즉 병적인 고집(willfulness)에 너무 휘둘린 나머지 절박한 마음이 빚어낸 왜곡된 현실을 인정하지 못한다. 더욱이 윌리가 거짓말, 망상, 자기기만이란 진흙 속에 몸을 숨기고 나오지 않는다는 점에 주목하는 많은 비평가들은 그가 성취한 부분적 자기인식의 중요성을 간과한다. 가족들이 그에게 주는 고뇌에 찬 사랑을 인식하지 못한다는 점은 그의 고통스러운 하루가 절정에 이르는 데 결정적인 역할을 하며, 바로 그 점이 이 연극을 진정한 비극으로 만드는 요소다. 비록 가족의 사랑을 제대로 깨닫지는 못하면서도 비프가 아메리칸 드림을 이룰 수 있도록 유산을 남겨주기 위해 자기가 할 수 있는 최고의 희생인 자살을 선택하는 것.

"정글은 어둡지만 다이아몬드로 가득 차 있지"라는 벤의 마지막 진언(眞言)은 윌리의 자살을 은유적인 도덕적 투쟁, 즉 자신의 상업적·물질적 능력을 최대한 실현시키려는 최후의 뒤틀린 야망으로 변화시키고 있다. 벤의 말을 빌리면, 윌리의 마지막 행동은 '약속 같은 것이 전혀 아니라' '만져보면 거칠고 단단한… 다이아몬드' 같은 것이다. 윌리는 어떤 실제적인 수준의 자기인식이나 진실 없이도 유형의 결과를 성취할 수 있는 것이다. 어떤 면에서는 마침내 자신이 팔고 있는 상품이 자기 자신이란 점을 이해하는 순간, 어떤 계시(啓示) 같은 것을 경험한다고 볼 수 있다. 상상 속에서 들은 벤의 조언을 통해 이전에 찰리에게 했던 말—"그토록 기를 쓰고 고속도로를 달리고, 기차를 타고, 약속을 하면서 수십 년을 일해 왔는데도 결국 사는 것이 죽는 것보다 못하게 되었네."—을 완전히 믿게 된 것이다.

비프 로먼

자신에 대한 진실을 찾아야만 한다고 생각하는 점에서 윌리나 해피와는 다르다. 각자의 비참한 삶의 현실을 인정하지 못하는 아버지나 동생과 달리, 자신의 실패를 인식하고 있기 때문에 그 실패한 삶과 맞설 수 있다. 이름에서도 정반대의 성향이 드러나는데, 윌리(Willy)나 해피(Happy)는 고집스럽고(willfully) 행복하게(happily) 자기를 속이는 반면, 비프는 자기기만에 단호하게(stiffly) 털을 곤두세운다 (bristle). 그리고 아버지에게 정부(情夫)가 있다는 사실을 알게 되면서 아버지와 아버지가 자기에게 품은 야망에 대한 믿음을 상실하게 된다. 결과적으로 윌리는 비프를 인생 낙오자로 간주하며, 비프는 자신을 윌리의 허황된 환상 속에 갇힌 것으로 생각하고 올리버의 사무실에서 문제의 본질을 깨닫게 되면서 자신의 삶과 현실적 관계를 맺기 위해 가족을 둘러싼 거짓들을 돌파하기로 결심한다. 윌리의 환상 이면에 자리한 초라한 진실을 드러내기 위해 물질주의에 찌들고 왜곡된 아메리칸 드림에 대한 아버지의 맹목적 신봉에 의해 가려진 그 영역('자유로운 서부'로 상징)을 갈망하는 비프의 정체성 위기는 자신과 아버지의 환상을 깨는 기능을 하며, 자신의 정체성을 되찾기 위해 그 위기감을 드러내지 않으면 안 되는 것이다.

해피 로먼

비프에게서 분출되는 감흥과 윌리에게 감춰져 있는 감흥을 전혀 공유하지 않는 인물. 윌리가 지닌 가장 나쁜 성향들의 어설픈 화신(化身)이자 행복한 아메리칸 드림이라는 거짓의 전형(典型)이다. 따라서 공감하기 어려운 인물이고, 시종일관 일차원적이며 정적(靜的)으로 그려진다. 반드시 '이 시련을 극복하여' 아버지의 죽음을 헛되게 하지 않겠다는 허황된 맹세는 그가 처한 위기상황을 단적으로 증명하고 있다. 지금껏 형에 대한 과장된 기대의 그늘 속에서 살아왔기 때문에 고착화된 아메리칸 드림의 거짓에서 벗어날 길이 없는 것이다. 그리고 자기인식에 대한 티끌만큼의 가능성이나 자기분석 능력조차 결여되어 있는 그의 병은 치유가 불가능하다. 비프의 경우처럼 구원을 가능케 하는 깨달음에 대한 잠재적 갈등은 전혀 찾아볼 수 없으며, 강렬한 성적 충동을 부채질하는 맹목적 야망의 힘에 의해 나락으로 떨어질 운명.

린다 로먼, 찰리

린다와 찰리는 줄곧 이성의 힘으로서 역할을 한다. 어쩌면 린다는 〈세일즈맨의 죽음〉이나 밀러의 작품 전체를 통틀어 가장 복잡하고 수수께끼처럼 이해하기 힘든 인물인지 모른다. 린다는 빚에서 헤어나 성공과 안정을 상징하는 물질들을 온전히 소유하는 것을 자유라고 생각한 린다에게도 긴 결혼생활 동안 지속된 윌리의 아메리칸 드림에 대한 집착은 정신적 갈등을 남겨놓은 것 같다. 그럼에도 불구하고 그 어떤 인물보다 훨씬 강인하고, 현실적이고, 분별 있으며, 타고난 정서적 모습을 그대로 유지하고 있는 듯하기 때문에 이 희곡의 정서적 진수(眞髓)를 대표한다고 할 수 있다.

린다가 놀랄 만큼 명확하게 예견하는 필연적 결말에 압도되어 그녀를 일종의 정서적 예언자라고 한다면, 찰리는 일종의 시적(詩的) 예언자 내지는 현자(賢者)의 역할을 한다. 밀러는 찰리를 성적(性的) 특징이 모호하거나 남자답지 못한 인물로 그리고 있는데, 소포클레스의 〈오이디푸스 왕〉에 등장하는 신화적 예언가 티레시아스와 흡사하다. 린다가 윌리의 급격한 쇠락을 분명히 진단할 수 있는 것은 정서적으로 건강하기 때문인 반면, 찰리의 상황 예측은 논리적이며, 철저히 현실적이고도 이성적인 분석에 근거한 것이다. 찰리가 윌리의 경제적 궁핍을 알아차리고 일자리를 제안한 것은 상식적인 해결책이다. 비록 윌리를 끔찍이 좋아하지는 않지만, 적어도 친구가 처한 곤경을 이해하고 경제적 부담을 덜어주려고 노력하는 것.

주제, 모티프, 상징

| 주제 |

문학 작품에서 전체 내용을 관통하는 근본적이고 포괄적인 생각.

아메리칸 드림

윌리는 자신이 아메리칸 드림의 약속이라고 여기는 것을 진심으로 굳게 믿고 있다. 즉 비즈니스 세계에서 다른 사람들이 '대단히 좋아하고' '인간적으로 매력적인' 남자는 틀림없이 현대 미국의 삶이 제공하는 물질적 안락함을 얻을 자격이 있다는 것. 그러나 기이하게도 윌리가 매력과 호감이라는 피상적 자질에 병적으로 집착하는 모습은 아메리칸 드림을 불평 없이 열심히 노력하면 반드시 성공하는 견실하고 해볼 만한 목표로 이해하는 것과는 상충된다. 윌리가 이해하는 '호감'은 피상적이다. 버너드를 공부밖에 모르는 '범생이'로 여겨 유치하게 싫어하는 것. 윌리는 자신의 왜곡된 아메리칸 드림에 대한 맹목적인 믿음으로 인해 그 꿈과 실제 삶 사이의 불일치를 받아들일 수 없을 때 더욱 급속한 정신적 쇠퇴를 겪게 된다.

유기(遺棄)

월리는 살아오면서 여러 차례 버림받는 과정을 겪고 있으며, 그때마다 아주 커다란 절망에 빠진다. 아버지는 월리가 아주 어렸을 때 형과 그를 떠나면서 아무런 유형(돈)이나 무형(아버지와의 추억)의 유산도 남겨주지 않았고, 형도 알래스카로 떠나며 월리가 왜곡된 아메리칸 드림 속에서 길을 잃게 내버려두었다. 어쩌면 이 같은 어릴 적 경험 때문에 버림받는 것을 두려워하고, 그 결과 자기 가족이 아메리칸 드림에 순응하기를 원하게 되었는지도 모른다. 그러나 두 아들을 완벽하게 키우려는 노력은 현실을 이해하지 못하는 무능을 드러낸다. 월리가 성공의 화신이라고 여겼던 비프는 아버지의 불륜을 목격한 이후 아버지와 자신에 대한 아버지의 열망을 포기하고, 하는 일마다 계속 실패하면서 점점 더 아버지와 소원해진다. 프랭크 식당에서 마침내 큰아들이 위대해지기 바로 직전에 도달했다고 월리가 믿는 순간, 비프는 그 같은 환상을 산산이 깨뜨리면서 망상에 빠져 중얼거리는 아버지를 식당 화장실에 내버려두고 떠난다.

배신

희곡 전체에 걸쳐 월리가 가장 집착하는 것은 자신의 기대를 저버리는 비프의 배신이다. 월리는 비프가 타고난 성공가능성을 이뤄주기를 기대하는 것은 자신의 마땅한 권리라고 믿고 있다. 따라서 비프가 그의 기대를 저버리자 인

간적인 모욕(윌리는 비프의 이런 행동을 '모욕'과 '앙심'이
란 말로 표현함)으로 받아들인다. 어쨌거나 윌리는 세일즈
맨이며, 비프의 자기파괴적인 거부는 궁극적으로 윌리 자신
이 가장 굳게 믿은 상품, 즉 아메리칸 드림을 아들에게 팔
수 없는 무능함을 드러내는 것이다. 큰아들의 배신이 자기
의 불륜을 발견하면서 시작되었다고 추측하는 윌리는 큰아
들이 자기를 배신했다고 생각하는 반면, 비프는 '엉터리 사
기꾼'인 아버지가 끝없이 계속되는 자기달래기용 거짓말로
자기를 배신해 왔다고 생각한다.

| 모티프 |

작품의 대표적인 주제들과 관련하여 전체에 통일감을
주는 것으로, 되풀이되는 구조나 대비, 또는 문학적 장치, 등.

신화적 인물

윌리는 사람들을 신화화하려는 성향으로 인해 세상
을 제대로 이해하지 못한다. 까마득한 선배 세일즈맨 데이
브 싱글맨을 전설적 인물이라고 말하고 그의 죽음 역시 더
할 나위 없이 숭고했을 것이라고 상상하는가 하면, 두 아들
이 '인간적 매력'과 '대단한 인기'에 바탕한 힘의 정점(頂點)
에 있다고 믿는 나머지 그리스 신화에 등장하는 아도니스
와 헤라클레스에 비교할 정도인 것이다. 사실 윌리에게 두

아들은 바로 아메리칸 드림의 화신인 것 같다.

그러나 윌리의 신화화 경향은 매우 근시안적이다. 일에 매달리다 객지에서 외롭게 죽음을 맞아야 했던 싱글맨의 절망을 인식하지 못하고, 자신이 생각하는 싱글맨과 같은 영웅적 지위를 얻기 위해 애처로운 죽음과 무의미한 유산(윌리의 생명보험금이 지급되더라도 비프는 아버지의 기대와 관련된 것은 아무것도 원하지 않는다.)에 자신을 던져버리고 말기 때문이다. 마찬가지로 비프와 해피도 결국에는 이상적이고 신(神) 같은 삶은 영위하지 못할 것이다. 또한 해피는 아메리칸 드림을 믿지만, 아버지보다 더 나은 삶을 살 것 같지도 않다.

미국 서부, 알래스카, 아프리카 정글

이 지역들은 비프와 윌리의 가능성을 상징한다. 윌리의 아버지는 알래스카에서 성공의 길을 찾았고, 형인 벤은 아프리카에서 부자가 되었다. 이들 이국적 장소들은 특히 윌리가 사는 평범한 브룩클린 지역과 대비될 때는 도시의 상업적 세계에 대한 윌리의 집착이 어떻게 그를 심술궂은 현실 속에 묶어놓았는지를 극명하게 보여준다. 알래스카와 아프리카 정글이 윌리의 실패를 상징한다면, 미국의 서부는 비프의 잠재력을 상징한다. 광활한 서부의 농장에서 일할 때만 만족감을 느낀다는 점을 깨닫고 있는 비프가 윌리의 망상과 미국 동부의 상업적 세계로부터 서부로 탈출하고자 하는 열망은 19세기의 개척정신을 암시하기도 한다. 아버지와 달리 개인의 중요성을 깨닫는 것.

| 상징 |

추상적인 관념이나 개념을 표현하기 위해 사용되는 사물, 기호, 인물, 색, 등.

씨앗

월리에게는 세일즈맨이자 가장으로서의 노동 가치를 입증할 기회를 의미한다. 그가 한밤에 그토록 절실하게 채소를 기르려고 하는 것은 가족의 식탁에 음식을 거의 가져다줄 수 없고 죽을 때 자식들에게 아무것도 남겨줄 수 없다는 수치심을 나타낸다. 월리는 지금껏 열심히 일해 왔다고 생각하면서도 자식들을 도울 수 없다는 점에서는 자기를 버린 아버지와 별반 다를 게 없다는 점이 두렵다. 씨앗은 비프에 대한 월리의 자각을 상징하기도 한다. 월리가 절대 틀리지 않는 것으로 생각하는 아메리칸 드림의 성공 공식에도 불구하고 비프를 성공적으로 키우고자 했던 노력은 수포로 돌아가고 말았다. 미국 최고의 미식축구 선수가 되리라고 기대했던 아들이 백수건달이 되어버렸다는 사실을 깨달으면서, 아들의 실패와 야망의 부재를 아버지인 자신의 무능 탓으로 돌리는 것.

다이아몬드

윌리에게는 유형의 부(富)를 상징하며, 따라서 노동(그리고 인생)의 확인과 자식에게 재산을 물려줄 수 있는 능력, 즉 그가 절실하게 갈망하는 두 가지를 가리킨다. 벤이 발견해 부자가 된 다이아몬드는 세일즈맨으로서의 윌리의 실패를 상징하기도 한다. 윌리는 벤을 따라 알래스카로 갈 기회를 포기할 만큼 확고하게 아메리칸 드림을 믿었으나 그 꿈이 보장하는 경제적 안정은 그를 피해갔다. 희곡 끝 부분에서 벤은 마지막으로 '정글'로 들어가 이처럼 요리조리 빠져나가는 다이아몬드를 가져오라고 부추긴다. 즉 자살로 보험금을 타내 인생을 의미 있게 만들라는 것.

린다와 '여자'의 스타킹

윌리가 이상하게 린다의 스타킹 상태에 집착하는 모습은 보스턴의 한 호텔에서 비프에게 불륜이 발각된 이후의 회상 장면을 예시하는 역할을 한다. 당시 십대였던 비프는 린다에게 줄 스타킹을 그 '여자'에게 주었다며 윌리를 비난한다. 따라서 스타킹은 배신과 불륜의 상징으로서 은유적 중요성을 갖는다. 새 스타킹은 경제적으로 성공하고 있으며,

따라서 가족들을 먹여 살릴 수 있다는 윌리의 자긍심을 세우고 린다와 비프에 대한 배신의 죄책감과 그 기억을 억누르기 위해서도 중요한 것이다.

고무호스

관객들에게 윌리가 얼마나 절실하게 자살을 시도했는지를 상기시키는 무대 소품. 윌리는 분명히 가스를 흡입하여 목숨을 끊고자 했는데, 얄궂게도 가스는 가족들의 건강과 안락함, 즉 온기를 위해 집에 반드시 갖춰야 할 가장 기본적인 물질 가운데 하나다. 가스 흡입에 의한 죽음은 그가 그처럼 기본적인 필수품을 마련하기 위해 애쓰면서 느끼는 은유적 죽음과 유사하다.

Act별 정리노트

Act I(1)
시작부터 윌리의 첫번째 몽상 전까지

: 줄거리

　어느 월요일 저녁, 브룩클린에 있는 로먼 가족의 집. 무대의 조명이 바뀌면서 플루트 소리(플루트 제작자이자 판매상이었던 아버지에 대한 윌리 로먼의 희미한 기억과 연결되는 첫 번째 모티프)가 흘러나오고 막이 오르면서, 수수한 옷차림의 환갑이 넘은 영업사원 윌리가 지친 모습으로 귀가한다. 윌리의 아내 린다가 침대에서 나와 남편을 맞는다. 린다는 윌리에게 자동차 사고가 났느냐고 묻는다. 전에 차를 몰다가 강으로 빠진 일이 있었기 때문이다. 윌리는 짜증을 내며 아무 일도 없었다고 대답하고는 양커스를 지나면서부터는 아주 느리게 운전했으나 계속 정신을 집중할 수 없었다면서, 결국 나중에는 사내아이를 칠 뻔했다고 고백한다. 린다는 빨리 사장 하워드에게 뉴욕에서 내근직을 맡게 해달라고 부탁하라며 윌리를 다그친다. 윌리는 사장 아버지만 살아 있었어도 지금쯤은 뉴욕 책임자가 되어 있을 것이라며 사장에게 이런 얘기를 하겠다고 답한다. 장성한 두 아들, 비프와 해피가 집에 와 있다. 그 날 아침 출근하기 전, 윌리는 서부에 있는 농장에서 싸구려 막노동이나 하면서 어떻게 돈을 벌겠느냐며 비프를 나무랐고, 뒤이어 일어난 말다툼도 끝나지 않은 상황이다. 윌리는 서른네 살이나 되고도 자립하지 못하는 것은 수치이자 게으른 탓이라고 말했다가 곧이어 결코 게으르지 않다고 말을 바꾼다. 이렇게 곧바로 자기 말을 부정하는 윌리의 버릇은 린다와의 대화에서도 드러난다.

두 아들이 침대에서 일어나 앉아 부모의 대화에 귀를 기울이고 있다. 그들은 아버지가 또 자동차 사고를 냈다고 지레 짐작한다. 윌리는 요기를 하러 주방으로 가고 린다는 다시 잠자리에 든다. 해피와 비프는 어렸을 적 좋았던 시절을 회상하며 추억에 잠긴다. 서른둘인 해피는 비프보다 자신감이 넘치고 성적 매력이 있다. 비프는 초췌하고 근심이 가득하며 머릿속이 복잡해 보인다. 해피는 중얼중얼하는 아버지의 버릇을 걱정하면서, 그 혼잣말도 대개는 형에 관한 것이고 형의 진득하지 못한 면에 대해 실망을 표했다고 말한다. 고등학교 졸업 이후 이곳저곳을 떠돌며 수십 번 직업을 바꿔 봤지만 뾰족한 수가 없었고, 이젠 자리를 잡기 위해 집으로 돌아왔다는 비프는 마음속으로 자기 자신에 대해 실망하고 있으며, 현재의 모습이 어렸을 때부터 아버지가 주입시키다시피 가르쳤던 가치나 성공의 개념과 사뭇 거리가 멀다는 점에 대해 실망하고 있다. 해피는 뉴욕에 직장을 갖고 있지만 다람쥐 쳇바퀴 도는 듯한 생활에 만족하지 못하고 있다. 그들은 잠시 함께 서부로 떠날 상상을 하지만, 비싼 방세를 걱정하면서 회사의 판매부장이 되어 아파트, 자동차, 여자들을 갖는 것이 소원인 해피는 상사들의 여자 친구나 약혼녀와 잠자리를 같이하고, 가끔 제조업자들로부터 뇌물을 챙긴다고 말한다.

비프는 과거에 함께 일했던 사장 빌 올리버에게 목장 구입비용을 대출해 달라고 부탁해 볼 참이라며 올리버가 자기를 높이 평가하고 언제든 도와주겠다고 말했던 기억을 떠올리면서도 아직도 상점에서 일할 때 농구공 한 상자를 훔쳤다고 생각할지 모른다고 걱정한다. 해피는 형이 '대단히 인기 있는 사람'이기 때문에 분명 집안을 일으킬 인물이라며 치켜세운다. 그들은 아래층에서 윌리의 혼잣말이 들리자 언짢아하고 걱정스러워하면서 잠자리에 든다.

◦풀어보기

희곡의 대부분이 윌리의 집에서 전개된다는 점에 주목해야 한다. 로먼 가족이 사는 브룩클린 지역은 과거에는 복잡한 뉴욕 시티에서 알맞게 떨어져 있어 좋았으며, 집을 넓

히고 텃밭을 일굴 만한 공간이 있었다. 윌리와 린다가 구입했을 당시 그 집은 궁극적으로 윌리의 미래에 대한 희망을 대변하는 것이었으나 지금은 사방이 아파트 건물로 둘러 싸여 마당에 햇빛조차 들지 않는다. 이 같은 집의 상태는 점점 쪼그라드는 윌리의 희망을 상징하게 되었지만, 얄궂게도 주택 대출금은 거의 다 갚아가고 있다. 아파트 건물들에 그 집이 포위되는 것과 마찬가지로 윌리의 자아도 평생 아메리칸 드림이 약속한 명성과 행운을 경험하지 못할 것이라는 회의와 점증하는 증거에 포위된다.

윌리의 현실은 그의 희망과는 너무나 상충된다. 그는 평생 자신의 욕망과 기대를 실현하는 데 실패했다는 점증하는 증거를 부정하기 위해 애써 환상을 만들어왔다. 희곡이 시작될 무렵, 심각한 자기망상에 사로잡혀 있는 윌리의 의식은 너무도 심각하게 분열되어 있기 때문에 일관된 환상조차 불가능할 정도다. 한 순간 비프를 게으름뱅이 백수 건달이라고 했다가 곧바로 게으르지 않은 것이 장점이라고 한다거나, 언제는 자동차를 쓰레기 같다고 하다가 잠시 후엔 '최고로 잘 만든 차'라고 말하는 것이다. 윌리는 한편으로는 비프를 게으름뱅이 백수라고 규정함으로써 비프가 물질적인 성공도 이루지 못하고 야망과 집중력도 부족하다는 그의 장광설에 대한 린다의 비난을 피할 수 있게 되고, 다른 한편으로는 비프의 게으름을 부정함으로써 비프가 언젠

가는 자신의 기대를 얼마간 충족시켜 주리라는 희망을 내려놓지 않을 수 있다. 이처럼 그때그때 자신의 심리적 요구에 따라 현실에 대한 해석을 바꾸고, 게다가 나중에 나오는 몽상 속에서는 과거의 결정적인 순간도 다시 상상할 수 있다. 윌리가 수시로 횡설수설하면서도 정작 린다에게 화를 내며 왜 그렇게 '항상 앞뒤가 안 맞느냐'고 묻는 장면은 실소를 자아내게 한다.

　이 희곡의 초반부에 등장하는 이상하리만치 부자연스럽고 과장된 투의 대화는 1950년대에 쓰인 불특정한 애칭(남녀노소를 막론하고 '친구 pal'나 '애 kid'로 지칭)과 시대에 뒤진 은유, 어휘, 속어 등을 앞서가는 것이다. 일부 평론가들은 몰아세우는 반복적인 강조 어법("아마 안경 때문일 거예요. 그러기에 안경을 새로 하나 맞추라고 하지 않았어요." 또는 "나는 뉴잉글랜드 사람이야. 뉴잉글랜드에선 내가 없으면 안 되거든.")과 계속해서 이어지는 짜증나는 질문들("난 스위스제(치즈)가 좋다는데, 왜 미제를 산거야?" "걔네들이 어떻게 치즈거품이 잘 일어나게 할 수 있겠어?")을 미국 유태인 특유의 표현이라고 주장하지만, 대사의 문체화는 상투어나 특정 민족의 고집보다 훨씬 더 직접적인 목적이 있다. 밀러는 종종 초라하고 정신적 갈등을 지닌 등장인물들의 단조로운 목소리를 통해 왜곡된 아메리칸 드림을 품은 한 가족이 자립하려고 애쓰는 과정의 복잡한 투쟁을 예시하려 했던 것이다. 밀러 자신이 자서전에서 밝혔듯이 〈세일즈맨의 죽음〉에 등장하는 인물들이 정형화된 방식으로 말하는 것은 "난해한 극적 암시와 '자연스러움'을 핑계로 이야기를 진행하기보다는 뻔뻔스러울 정도로 솔직한 부류의 긴박한 대사로 경험을 고조시키기 위함이다."

Act I(2)
월리의 첫 번째 몽상부터 '여자'의 등장까지

　　월리는 과거의 기억 속에 빠져 있다. 갑자기 두 아들의 어린 시절 생각이 되살아난다. 어린 비프와 해피는 출장에서 막 돌아온 아버지의 차를 세차하고 왁스칠을 하고 있다. 비프가 축구 연습을 하려고 비품실에서 공을 '빌려왔다'고 말하자 월리는 진실을 알고 있다는 듯 돌려주라고 말한다. 해피는 아버지의 관심을 끌고 싶어하지만 월리는 비프를 눈에 띄게 편애한다. 월리는 머잖아 이웃에 사는 부자 친구 찰리보다 더 큰 사업을 시작할 것이라며 찰리는 자기만큼의 인기가 없다고 덧붙인다. 찰리의 아들 버너드가 걱정스러운 표정으로 들어와 비프에게 함께 수학 공부를 하자고 청한다. 비프가 수학 시험에서 낙제하면 졸업을 못하게 된다는 것이다. 월리는 비프에게 함께 공부하라고 재촉한다. 비프가 아버지의 주의를 돌리기 위해 버지니아 대학교라는 글씨가 새겨진 운동화를 보여주자 월리가 관심을 보인다.

버너드는 운동화 바닥에 대학 이름을 새겼다고 해서 고등학교를 그냥 졸업하는 것은 아니라고 말한다. 버너드가 돌아가자 세 부자가 웃는다. 윌리는 비프에게 버너드가 인기가 있는지 묻는다. 형제는 버너드가 '대단히 인기 있는' 편은 아니지만 아이들이 좋아한다고 대답한다. 윌리는 버너드가 학교 성적은 좋을지 몰라도, 일단 사회에 진출하면 해피와 비프가 미끈하게 생기고 '대단히 인기 있기' 때문에 더 성공할 것이라고 말한다.

15년 전의 기억 속에서 윌리는 린다에게 이번 출장에서 1,200그로스를 팔았다고 자랑한다. 린다가 영업수당이 212달러라고 계산하자 윌리는 멈칫하면서 이런저런 핑계를 대며 실적을 깎는다. 그렇게 되면 수당은 70달러가 조금 넘는다. 생활비를 충당하기에는 빠듯한 액수. 윌리는 사람들이 자기를 좋아하지 않고 비웃는 것 같다고 하소연하는데, 이처럼 윌리가 명료한 의식을 갖고 자기를 비판하는 장면은 매우 드물다. 린다는 윌리에게 그 정도면 충분히 잘하고 있다고 위로하지만, 윌리는 스스로 말이 너무 많고 농담이 지나치다고 한탄하면서 찰리가 주변 사람들로부터 존경받는 것은 말수가 적기 때문이라고 말한다. 분명 윌리는 찰리를 부러워하고 있다. 자신이 너무 뚱뚱해 사람들이 비웃는다면서 한번은 '해마(海馬)'같다며 농담을 던진 영업사원에게 주먹을 날리기도 했다는 윌리의 고백에 린다는 자기에게는 남편이 최고라며 치켜세운다. 윌리가 린다야말로 최고라고 맞장구치면서 출장가면 몹시 그립다고 말하는 순간, 어둠속에서 '여자'의 웃음소리가 들려온다.

·풀어보기

이 작품에서 가장 흥미로운 부분 하나는 시간을 유동적으로 처리하고 있다는 점이다. 다양한 자극이 윌리에게 종잡을 수 없는 의식의 흐름을 불러일으키면서 과거와 현재가 경계 없이 동시에 오락가락하는 것이다. 윌리가 회상하는 행복한 과거는 스스로 재창조한 것이란 점을 기억해야 한다. 따라서 이처럼 그럴듯한 과거 장면들을 전적으로 사실이라고 생각해서는 안 된다.

평화롭고 행복한 과거는 현재 대면하고 있는 현실로부터의 도피 기능, 또는 과거의 사건과 잘못들을 돌이켜 개조하는 기능을 한다. 그러나 윌리는 이처럼 좋은 과거로 도피할 때도 현재의 상황을 완전히 부정할 수는 없다. 몽상 속으로의 은신은 현재로부터 도피하기 위한 것일 뿐만 아니라 과거를 반추하기 위한 것이기도 하다. 윌리는 명예와 부를 얻고자 했던 희망을 좌절시키고 비프와의 관계를 파괴한 자신의 실수를 찾고 있다. 자신의 인생을 마치 편집하고 다시 쓸 수 있는 하나의 이야기로 취급하면서 암울한 현실과의 맞대면을 피할 수 있는 것이다.

　윌리와 가족 사이의 관계 변화를 살펴보는 것도 중요하다. 왜냐하면, 화목하고 굳건한 가족관계야말로 아메리칸 드림의 가장 두드러지는 요소에 속하기 때문이다. 현재 윌리와 가족의 관계에는 긴장감이 내재되어 있는 반면, 그의 기억 속에 떠오르는 가족은 행복하고 안정적이다. 그러나 그의 조각난 의식, 심각하게 분열된 정신이 보여주듯, 과거에 대한 그의 생각조차 표면적으로 보이는 것만큼 행복하고 평화롭지는 않다. 그가 아무리 과거를 온전히 미국적이며 더 없이 행복한 것으로 기억하고 싶더라도, 그 정반대의 증거들을 완전히 지울 수는 없는 것이다. 윌리는 비프를 미래의 밝은 희망으로 기억하고 싶지만, 우리는 그 기억 속에서 윌리가 아들의 강박적 도벽(盜癖)을 저지하기 위한 조치를 전혀 취하지 않는 모습을 보게 된다. 아니, 비프가 축구공을 훔쳤을 때 그 사실을 알면서도 웃으며 건성으로 '돌려주라'고 말하는 모습은 야릇하게 도둑질을 부추기는 듯한 느낌이 든다.

　성인이 된 비프는 한 번도 안정된 직업을 가진 적이 없다. 습관적으로 고용주로부터 물건을 훔치는 버릇이 그 주된 원인인 듯하다. 오랫동안 비프와 윌리는 서로 갈등을 키워왔다. 아메리칸 드림을 이루기 위한 노력을 포기할 수 없는 윌리는 비프가 대신 그 꿈을 실현해 주길 바라며 엄청난

압박을 가하고, 아버지가 그의 타고난 성향과 본능과는 상반되는 직업을 택하기를 바라기 때문에 무능함을 깊이 느끼는 비프는 업계에 몸담아 큰돈을 벌기보다는 광활한 농장처럼 탁 트인 곳에서 일하기를 원하고 있다.

월리가 재구성한 과거 속에서는 해피와의 관계 역시 완벽하지 못하며, 비프를 편애하는 것은 분명하다. 수차례 월리의 관심과 인정을 받으려고 애쓰지만 번번이 실패하고, 성인이 된 후 밟아온 해피의 인생 역정에는 이러한 편애의 흔적이 배어 있다. 해피는 비프에게 직접적으로 반감을 드러내지는 않고, 도리어 고등학교 시절 비프의 행동을 흉내 내려 한다. 과거에 월리는 여학생들을 잘 다루고 도둑질도 들키지 않는 비프의 능력에 감탄했는데, 해피가 성공한 남자들의 연인들과 잠자리를 같이하면서 그들과의 경쟁을 통해 일종의 도둑질을 감행하며 뛰어난 바람기를 발휘하고 있는 것이다.

린다와 월리의 관계는 훨씬 더 복잡하고 흥미롭다. 자신감을 잃고 풀이 죽은 월리에게 린다는 가장으로서 가족을 훌륭하게 부양하고 있으며 외모도 훤하다고 자신감을 불어넣어 주고, 남편이 수당을 부풀려 말하려 할 때는 거짓말을 간파한다. 그리고 남편의 허풍을 모두 믿지 않으면서도 여전히 남편을 사랑한다. 린다는 직업적 성공의 관점에서 남편의 가치를 저울질하지 않기 때문에 그가 자신에 대

한 환상을 믿게 만들지 못하더라도 그를 거부하지 않는 것
이다. 그러나 윌리는 성격적 결함, 회의, 불안정 등을 받아
주는 사랑 이상의 것을 필요로 한다. 왜냐하면, '대단히 인
기 있는' 사람이 되기를 간절히 원하기 때문이다. 그 결과,
린다가 주는 기회를 무시한다. 즉 자신을 좀더 정직한 눈으
로 바라보고, 자기 현실을 인정하며 자신을 있는 그대로 받
아들이지 않고, 아내와 자식들에게도 세일즈맨 노릇을 하
려고 드는 것.

Act I(3)
'여자'의 웃음소리가 들리는 장면부터
벤이 처음 등장할 때까지

: 줄거리

　　공상 속에서 윌리는 정부이자 거래처의 비서인 '여자'
와 호텔 방에 앉아 있다. 윌리는 무척 재미있고 자상해서 '찍
었다'는 그녀의 말에 흡족해하면서 2주 후쯤 보스턴에 출
장 오면 또 만나자고 말한다. '여자'는 스타킹 선물 고맙다
면서 다음번에는 곧장 구매자에게 안내해 주겠다고 약속한
후에 어둠 속으로 퇴장한다.

　　린다는 여전히 스타킹을 깁고 있다. 윌리가 다가가 스
타킹 꿰매는 모습이 보기 싫다면서 내다버리라고 다그친다.
린다가 스타킹을 주머니에 넣는다.(나중에 비프는 윌리가
'여자'에게 새 스타킹을 계속 사줬다는 사실을 알게 된다.)
버너드가 다시 찾아와 비프에게 수학 공부를 하자고 청한다.
흥분한 윌리가 답을 가르쳐주라고 말하자 버너드는 주에서
실시하는 시험에서는 부정행위를 할 수 없다고 대답한다.

린다는 비프가 훔친 축구공을 돌려줘야 한다면서 여자애들도 너무 '거칠게' 다뤄 엄마들이 겁을 낸다고 말한다. 화가 난 윌리는 버너드와 린다에게 입을 닥치라고 소리를 지른다. 버너드는 정신 차리지 않으면 수학에 낙제한다는 말을 남긴 채 퇴장하고, 린다는 울음을 참으며 방을 나간다.

기억이 희미해진다. 윌리는 벤을 따라 알래스카에 가지 않은 것이 실수였다고 후회한다. 벤은 스물한 살 때 아프리카에서 맨주먹으로 다이아몬드 광산을 발견해 큰 부자가 되었다. 해피가 그 비결을 묻자 윌리는 '갖고 싶은 걸 알고는 나가서 손에 넣었을 뿐'이라고 답한다. 비프가 '은퇴해서 편히 살게 해드리겠다'는 말을 상기시키자, 윌리는 주급 70달러로 어떻게 먹여 살리느냐며 힐난한다.

윌리의 큰소리를 들은 찰리가 무슨 일인가 싶어 찾아온다. 두 사람은 카드 게임을 한다. 찰리가 일자리를 제안하지만, 윌리는 모욕으로 받아들인다. 잠시 후 풀이 죽은 윌리가 비프 문제를 상의한다. 텍사스로 간다는데, 어쩌면 좋겠냐는 것. 찰리는 비프 생각은 집어치우고 자기 몸이나 챙기라고 조언한다. 시큰둥한 윌리는 자신이 새로 올린 거실 천장을 보았느냐고 물었다가 찰리가 관심을 표하자 연장도 잘 다루지 못하는 주제에 큰소리나 친다고 면박을 준다. 60대의 벤이 등장한다. 건장하고 자신감 넘치는 모습이다. 윌리는 찰리에게 형의 부고(訃告)를 아프리카에 있는 형수로부터 받았다며 그때 형을 따라 알래스카에 갔으면 팔자를 고쳤을 것이라고 말한다. 현실과 환상을 오가며 찰리와 벤을 번갈아 대하는 윌리는 찰리가 카드 게임을 이기자 화를 내고, 찰리는 마치 죽은 형이 옆에 있는 것처럼 대화할 정도로 정신이 오락가락하는 윌리가 걱정스럽다.

윌리는 벤이 방문했을 때의 기억 속으로 빠져든다. 아버지는 윌리가 서너 살 때, 가족을 떠났다. 벤은 아버지를 찾아 알래스카로 가려 했으나 아프리카에 닿았고, 열일곱 살에 들어간 정글에서 다이아몬드 광산으로 부자가 된 것이 스물한 살 때다. 윌리의 청에 따라 벤은 비프와 해피에게 할아버지 이야기를 들려준다. 다양한 일을 하신 할아버지는 가족을 마차에 태우고 보스턴을 떠나 대륙을 횡단하며 지나는 도시들에서 직접 만든 플루트를 팔았고, 그러다 골드러시를 좇아 알래스카로 가셨다면서, 이어 남자다움이 어떤 것인지 보여준다며 비프와 권투 시늉을 하다가 갑자기 쓰러뜨리고는 들고 있던 우산 끝을 위협적으로 비프의 눈에 들이댄다.

윌리가 아파트 공사장에서 모래를 가져오라고 하자 비프와 해피가 달려간다. 찰리가 도둑질하다 잡히면 경찰에 넘어갈 수도 있다고 걱정하지만, 윌리는 대수롭지 않게 여긴다. 버너드가 뛰어 들어오며 경비가 비프를 쫓아온다고 소리친다. 벤이 자식들을 사내답게 잘 키웠다고 칭찬하자 윌리가 으쓱하면서 벤에게 조금 더 머물러 달라고 간청하지만 기차를 타야 한다며 서둘러 떠난다.

윌리가 파는 상품이 구체적으로 적시되지 않은 것과 마찬가지로 '여자'도 이름조차 언급되지 않는다. 밀러가 '여자'의 생김새나 성격조차 묘사하지 않는 이유는 세부 묘사가 극의 흐름과는 무관하기 때문이다. 즉 '여자'는 단지 삶에 대한 윌리의 불만족을 나타내줄 뿐인 것. 사실, '여자'는 실제 인물이라기보다는 하나의 상징에 가깝다. '여자'는 자신을 윌리가 좀더 효과적으로 구매자에게 접근할 수 있도록 해주는 하나의 도구로 생각하고 있으며, 윌리도 스스로를 '대단히 인기 있는' 사람처럼 느끼게 해주는 하나의 도구로 '여자'를 이용하는 것이다. 비프는 '여자'를 아버지와 아버지의 야망이 그다지 대단한 것이 아니란 증표로 인식하고 있다.

윌리는 '대단히 인기 있는' 사람이 되려는 강박적인 욕구 때문에 자기망상 속으로 추락한다. 린다는 심각한 결함에도 불구하고 윌리를 사랑하는 반면, 그저 좋아할 뿐인 '여자'는 허풍을 들어줌으로써 자아를 고양시켜 주기는 해도 린다처럼 깊이 걱정해 주지는 않는다. 그리고 린다는 윌리의 직업을 단지 수입의 원천으로 간주하고, 세일즈맨 윌리와 남편 윌리 사이에 명확한 선을 긋지만, 윌리는 직업과 정체성을 동일시하기 때문에 가족이 주는 사랑을 받아들이지 못한다.

윌리는 아버지와 형에게 차례로 버림받았다. 아버지 역시 세일즈맨이었으나 팔 물건을 직접 만들었고, 적어도 성공한 세일즈맨이자 손재주가 뛰어난 강인한 사람이었다. 어떤 의미에서는 개척정신이 강하고 길들여지지 않는 개인주의자 비프에게 이상적인 남성상을 제시하는 것은 아버지가 아니라 할아버지다. 아버지와 달리 윌리는 자기가 판매하는 상품들에서 개인적인 만족을 얻지 못한다. 자신의 노력으로 생산된 제품이 아니기 때문이다. 그가 파는 것은 자기 자신인데, 정작 자신은 심각하게 손상되고 정신적으로도 온전치 않다. 오직 직업적 인격만이 그가 직접 생산한 것이다. 윌리가 '대단히 인기 있는' 사람이 되려고 노력함으로써 간접적이나마 직업상 접촉하는 사람들로부터 인정받고자 하는 것은 그의 인생에서 가장 중요한 아버지와 형에게 버림받은 아픔을 극복하는 일종의 대응전략이다.

윌리가 아메리칸 드림에 부합하는 완벽한 가정을 이루려고 노력하는 것은 어린 시절 붕괴된 가정의 조각들을 다시 맞추려는 시도의 일환인 것 같다. 그리고 세일즈맨이 되고자 결심했던 것도 세일즈맨이었던 선친이 되지 못한 홀

릉한 아버지와 가장으로서의 역할을 충실히 수행하겠다는 간절한 열망의 표출로 해석할 수 있으며, 아버지가 아무것도 남겨주지 않았다는 점을 가슴 아프게 생각하기 때문에 자기 역시 물질적 유산을 아들들에게 전혀 남겨주지 못한다는 사실에 절망하고 있다.

월리가 인기에 집착하는 것은 아버지와 형이 자기를 그다지 좋아하지 않았기 때문에 버렸다고 생각하기 때문인 것 같다. 벤이 자신의 집을 방문했던 상황을 떠올리는 월리의 기억 속에는 유기에 대한 두려움과 인정받고자 하는 열망이 담겨 있다. 그만 가야겠다는 벤의 말에 어떻게든 좀더 머물게 하려 들고, 자식들을 잘 키웠다는 인정의 말 한 마디를 듣기 위해 애쓰는 모습은 애처롭기까지 하다. 그리고 비프와 해피에게 할아버지 이야기를 들려주라고 간청하는 것은 자기에게는 유산으로 남겨줄 가문의 소중한 역사가 없다는 점을 잘 알기 때문이다. 자손들에게 가문의 연대기를 물려줄 수 있는 능력은 월리가 그토록 높이 평가하는 아메리칸 드림의 중요한 부분이다.

Act I(4)
벤의 퇴장부터 제1막 끝까지

윌리의 고함소리에 잠을 깬 린다가 주방으로 나와 두리번거리다가 문 밖에서 서성대는 윌리를 발견한다. 뒤이어 주방으로 들어온 비프가 언제부터 아버지의 혼잣말이 시작되었는지 묻자 린다는 목소리를 낮추라며 날이 새면 괜찮아질 것이라고 답한다. 해피도 내려와 계단에 앉아 있다. 린다는 월급이 나오지 않은 이후로 정신 불안이 시작되었다고 말한다.(윌리는 최근부터는 영업수당만 받는다.) 누구 하나 아는 사람이나 반겨주는 사람도 없는 곳으로 700마일이나 달려갔다가 한 푼도 못 벌고 돌아올 때의 참담함 때문에 자연스레 혼잣말이 많아질 수밖에 없었으리란 것. 게다가 윌리는 매주 찰리에게서 50달러를 빌려 주급을 받은 체한다면서, 자기 목숨보다 자식들을 더 아끼고 죽어라 일만 하는 아버지의 고마움을 자식들이 몰라주고 하나는 '계집애 꽁무니만 쫓아다니는 건달'에다 다른 하나는 아버지와의 관계가 예전과는 아주 딴판이라며 나무란다. 죄책감을 느낀 비프가 이제부터 아버지 눈에 띄지 않게 집에 있으면서 직장을 구해 생활비를 보태겠다고 말하자 린다는 두 사람이 밤낮으로 싸우게 되고 아버지가 돌아가실 것이라고 제지하면서, 지금까지 윌리의 자동차 사고가 실은 모두 자살하려다 실패한 것이라고 설명한다. 퓨즈 박스 뒤에서 발견한 고무호스와 보일러 가스 파이프에 새로 끼운 꼭지는 가스를 마시고 자살하려 했다는 증거라는 것. 윌리가 들어오면서 그들의 대화에 끼어든다. 비프가 몽상에서 깨어나도록 윌리에게 농담을 던지자 윌리는 누가 자기를 미친 사람 취급하느냐며 업계에서 누리는 '대단한 인기'에 대해 목청을 높인다.

윌리는 비프가 빌 올리버에게 사업자금을 빌릴 계획이라는 얘기를 듣고는 이내 화색이 돈다. 해피는 스포츠 용품 판매를 위한 홍보 계획에 대해 대충 설명한다. 형제가 함께 타고난 신체적 능력을 활용해 스포츠 행사를 열고 상품을 홍보할 그 사업 계획은 이후에 '플로리다 구상'이라고 불린다. 형제의 공동사업 구상에 대해 가족 모두들 매우 기뻐한다. 윌리는 비프에게 올리버를 만나면 침착하고 말수가 적어야 된다고 했다가, 또 언제 그랬냐는 듯 몇 가지 재미난 얘기로 분위기를 밝게 이끌라고 조언한다. 얼마 후 잠자리에 들기 전, 윌리는 비프에게 서부에서는 농장 일이 아니라 사업을 했다고 말하라면서 꼭 15,000달러를 얻어내라고 덧붙인다. 린다는 다시 한 번 윌리에게 내근직을 부탁하라고 말하고 윌리는 그러마고 답한다. 비프는 침실로 가기 전에 퓨즈 박스 뒤에서 고무호스를 찾아 감아쥐고 재빨리 계단을 오른다.

: 풀어보기

어린 시절 비프가 습관적으로 물건을 훔치고 급우들을 함부로 대했음에도 윌리가 비프를 혼내지 않았던 한 가지 이유는 행여 비프의 자아에 상처를 주지 않을까 염려했기 때문인 듯하다. 따라서 비프가 어른이 되어 그 칭찬의 기대에 부응해 성공하기를 바라며 계속 칭찬을 늘어놓는 것이다. 그리고 비프를 혼내면 자기를 좋아하지 않을 것이라고 염려했기 때문에 혼내지 않으려 한다고 볼 수도 있다. 윌리에게 아들이 자기를 좋아하지 않는다는 것은 윌리 개인과 그의 직업에 대한 모욕이자 패배를 의미한다.(윌리는 자기란 사람과 자기 직업을 동일시한다.) 윌리의 의식이 절망과 희망 사이에서 오락가락하기 때문에 어린 비프의 철없는 행동을 혼내지 않겠다는 결심 이면에는 위의 두 가지가 모두 고려되었을 개연성이 있다. 어떤 경우든 윌리가 보는 두 사람의 관계에는 어린 시절 버림받은 정서적 충격이 내재되어 있고, 비프의 입장에서는 사회적 기대와 개인적 기대의 충족 사이에 나타나는 갈등이 내재되어 있다.

아메리칸 드림이란 신화는 그것이 약속하는 행복과 부유함을 누리지 못하는 사람들을 가장 강렬하게 끌어당긴다. 어린 시절의 절망과 상처를 치유할 만병통치약으로 그 꿈의 열매를 추구하는 윌리는 어느 정도의 육체적 재능과 '개인적 매력'을 지닌 '대단히 인기 있는' 젊은이가 할 수 있다는 자세로 세상에 나아간다면, 얼마든지 아메리칸 드림을 이룰 수 있다는 신화를 진정으로 믿는 사람이다. 건강한 자존감의 개념을 세우는 데 필요했던 확증을 제공했어야 할 남자들—아버지와 벤—이 그를 떠났기 때문에 그는 좀처럼 현실과 부합하지 않는 미국적 신화의 기준에 따라 자존감을 측정하려 애쓰는 한편, 아메리칸 드림에 내재된 보다 중요한 토대인 가족의 사랑, 조건 없는 지지, 선택의 자유를 무시한다. 불행하게도 윌리는 건국의 아버지들이 내세운 개념과 충돌하는 왜곡된 아메리칸 드림을 믿고 있는 것이다. 다시 말해, 미국적 성공과 국가적 정체성의 물질적인 면에 사로잡혀 있는 것이다.

'대단히 인기 있는' 사람이 되는 것에 집착하는 윌리는 가족들이 그에게 줄 수 있는 사랑은 무시한다. 윌리에 비해 훨씬 더 현실적이고 이성적인 린다는 윌리가 그녀에게 줄 수 있는 것에 만족하고, 윌리의 겉모습을 꿰뚫어보면서도 그 이면에 숨겨진 모습을 사랑하고 인정한다. 마찬가지로 장성한 아들들도 사랑하고, 그들의 허세도 샘물 들여다보듯 훤히 알고 있다. 그 가족의 정서적 중심인 린다는 윌리의 정신적 퇴락을 극복하는 일에 가족 모두가 합심해 열과 성을 다하자고 요구한다. 윌리는 자신이 두려움, 불안정, 극심한 걱정으로 살찌웠으며 그의 영혼을 사로잡아온 비뚤어진 미국의 비극적 신화를 흔쾌히 포기한다면 더욱 만족할 수 있겠지만, 끊임없이 그를 앞서 달리는 명예와 부를 좇고 있다. 그는 인간의 욕구를 충족시키는 인간관계가 아니라 미국적 영웅이라는 비현실적인 신화 위에 자아상을 만들어왔으며, 그 신화는 너무나 평범한 그의 남성적 약점을 먹잇감으로 삼아 살아왔다. 그리고 그가 자신의 인생에 대해 세워온 환상이 마침내 비프에게는 참을 수 없는 것이 된다. 윌리의 병든 마음은 제1막의 말미에서 거의 폭발 직전에 이른다. '플로리다 구상'이 제공하는 그릇된 희망은 하나의 위약(僞藥)이고, 그 희망이 윌리에게 불어넣은 공허한 자신감은 그의 마지막 추락을 더더욱 치명적인 것으로 만든다.

Act II(1)

시작부터 하워드의 사무실 장면까지

　　다음날 아침, 윌리가 식탁에 앉아 커피를 마시고 있다. 비프는 올리버를 만나러 나갔고, 해피는 출근한 상태. '플로리다 구상'의 성공 가능성에 고무된 윌리는 씨앗을 사다가 마당에 심어야겠다고 말한다. 린다가 좋은 생각이라면서도 마당에 볕이 들지 않아 씨앗이 자라지 않을 것이라고 지적하자 윌리는 시골에 땅을 사서 채소도 가꾸고 병아리도 기르자고 대꾸한다. 게다가 결혼한 자식들이 주말에 와서 묵을 별채도 짓고… 린다는 내근직 문제를 사장에게 꺼낼지 넌지시 물으면서 더불어 보험료를 내야 하니 가불도 부탁해 보라고 말한다. 그동안 자동차 할부금은 완납했고, 냉장고 월부금과 25년간 부은 주택 대출금도 이번 달로 끝이 난다. 린다는 두 아들이 저녁 6시에 프랭크 식당으로 아버지를 초대했다는 말을 전한다. 자식들의 초대에 흡족해진 윌리는 들뜬 기분으로 집을 나서려다 린다가 스타킹을 쥐고 있는 모습을 보고는 제발 스타킹을 깁지 말라고 윽박지른다.

사장실. 하워드는 얼마 전 생전 처음 구입한 녹음기를 신기한 듯 만지작거리면서 어깨 너머로 힐끔 쭈뼛거리는 윌리를 쳐다보고는 가족들의 목소리가 담긴 녹음기를 튼다. 녹음기를 통해 들뜬 아이들(일곱 살짜리 딸은 휘파람을 불고, 다섯 살짜리 아들은 미국 각주의 주도를 알파벳 순서로 외움)과 수줍어하는 아내의 목소리가 들린다. 윌리가 내근직 문제를 꺼내려 하지만, 하워드는 녹음기 얘기만 해댄다. 겨우 기회를 잡은 윌리가 이젠 지쳐 출장은 못 다닐 것 같으니 주급 65달러에 내근직을 달라고 부탁하자 자리가 없다며 거절한다. 하워드가 담배를 피우기 위해 라이터를 찾는 순간, 윌리가 재빨리 라이터를 집어 건넨다. 불안하고 초라해진 심리 상태에서 비프에게 상사의 사무실에서 물건을 집어주는 것은 '사환'이나 하는 짓이니 결코 하지 말라고 했던 자신의 조언을 무심코 잊어버린 것이다. 윌리는 자신이 처한 상황과 과거 이야기를 들먹이며 계속 주급을 낮춰도 하워드는 들어주지 않는다. 게다가 하워드의 아버지가 하워드를 낳고 이름을 지을 때도 자기의 의견을 물을 정도로 오래되고 가까운 사이였다는 사실을 상기시켜도 막무가내다.

마음이 조급해진 윌리는 전설적인 세일즈맨 데이브 싱글맨의 일화를 들려준다. 싱글맨은 여든네 살이란 나이에도 호텔방에 들어앉아 전화로 구매자들과 통화하며 수지를 맞췄다는 것. 그런 모습을 보고 세일즈야말로 남자라면 한 번 해볼 만한 가장 위대한 직업이라는 사실을 깨닫고 형과 함께 알래스카로 가려던 계획을 접었다는 것. 그리고 그 노인네가 보스턴행 열차 안에서 '세일즈맨다운 죽음'을 맞이하자 장례식에 수백 명의 세일즈맨들이 참석했다는 것, 등등. 윌리는 요즘은 동업자 간의 존경이나 의리, 감사하는 마음이 사라졌다면서, 이젠 세상 사람들이 '나 같은 건' 알아주지도 않는다며 한탄하고 주급을 40달러로 낮춰 부른다. 하워드는 그것도 불가능하다면서 잠시 사무실을 비운다. 혼자 남은 윌리가 책상에 몸을 기대고 프랭크에게 혼잣말을 하다가 실수로 녹음기가 켜지자 놀라 큰소리로 하워드를 불러 녹음기를 꺼버리라고 말한다. 이상한 낌새를 느낀 하워드가 푹 쉬다가 몸이 나아지면 다시 방법을 강구하자는 의견을 제시하지만, 윌리는 돈을 벌어야겠다고 버틴다. 하워드가 자식들의 도움을 받으라며 뜻을 굽히지 않자, 가족의 역할을 바꿔 자식들에게 의지한다는 것이 끔찍한 윌리는 하워드의 팔을 잡고 보스턴으로 보내달라고 애원한다. 하워드는 만날 사람이 많으니 5분 후에는 방을 비워달라며 나가고, 윌리는 지친 채 허공을 응시한다.

사업 자금을 빌리겠다는 비프의 말에 생기가 도는 윌
리가 미래에 대한 낙관을 표현하는 방식은 겉으로 훤히 드
러난다. 그가 가장 먼저 생각하는 것은 마당에 텃밭을 가꾸
는 것이고, 그 다음에는 시골에 집을 한 채 사서 비프와 해
피가 가정을 꾸리면 놀러와 묵을 수 있도록 별채를 짓는 것
이다. 이처럼 기대에 부푼 계획들은 그의 직업이 그에게 얼
마나 부적합한지, 얼마나 그의 타고난 성향을 옥죄는지 잘
보여주는 듯하다. 사실, 경쟁이 치열하고 지나치게 자본주
의적인 세일즈 세계는 비프와 마찬가지로 윌리에게도 어울
리지 않는 것 같다. 윌리는 손으로 직접 뭔가를 만들고 짓
는 꿈을 꿀 때 가장 행복한 듯이 보이고, 그의 본능이 이런
방향으로 표출될 때 다시 온전한 상태가 되어 자신과 자신
의 능력에 대해 어렴풋이나마 진실을 볼 수 있는 듯하다.

윌리가 알래스카 숲속의 삶을 동경하듯 상상하는 모습
은 직업을 잘못 선택했다는 암시를 강화시켜 준다. 윌리는
도시 환경에서 사는 것을 좋아하지 않는 듯하지만, 미개척
지에 대한 환상도 아메리칸 드림에 대한 집착과 깊은 관련
이 있다. 19세기 미국에서는 미지의 황무지에 들어가 황금
을 발견하는 용감한 탐험가의 개념이 국민들의 의식 속에
깊이 각인되어 있었으나 전후 소비주의가 몰아닥치면서 이

'황무지'는 치열한 소비재 시장이 되었으며, 개척자 대신 자본가가 영웅의 자리를 차지했다. 이처럼 새롭게 부상한 개척자들은 이익을 창출할 수 있는 틈새를 찾기 위해 상거래라는 정글 속으로 앞 다투어 뛰어 들었다. 말 그대로 아프리카 정글에서 성공을 쟁취한 벤과 데이브 싱글맨은 각각 다른 형태의 미개척지 이야기를 대표하는 인물들이다. 윌리는 후자가 현대판(版)이자 아메리칸 드림의 미래라고 확신한 나머지 싱글맨의 길을 따르기로 선택했다.

　윌리가 삶에 만족하지 못하는 것은 한편으로는 자신의 성향과 충돌하는 직업을 선택했기 때문이라고 볼 수 있으나 다른 한편으로는 인생의 모든 측면, 즉 직업과 사적인 면을 모두 신화적인 기준의 측면들과 비교했기 때문이라고 할 수도 있다. 윌리는 형의 부가 오랜 세월 동안 지속된 각고의 노력과 개인적 장점에 상응하는 마땅한 보상이라기보다는 단 한 차례의 눈먼 행운이 가져온 결과란 점을 깨닫지 못하고, 마찬가지로 싱글맨의 성공담에 담긴 비극적인 측면도 간과하고 있다. 여든넷이라는 고령에도 일을 하다가 결국 일터에서 죽어야 했으며, 그의 죽음을 애도한 사람들은 세일즈맨들뿐이란 사실, 즉 사랑받는 사람들의 가치 있는 영역과는 정반대인 단기 체류, 출장, 돈이 전부인 덧없는 세상은 보지 못하는 것이다.

　하워드와의 참담한 면담에서는 윌리가 대출 면담을 앞

둔 비프에게 해준 조언의 실체가 드러난다. 그 조언은 평소 윌리가 자신의 행동을 어떻게 생각했는지 보여준다. 아들뻘인 하워드는 윌리를 계속 'kid'라고 부르면서 하대(下待)하고, 비프에게는 물건을 집어주는 것은 '사환'이나 하는 짓이라고 조언했으면서도 정작 자신은 라이터를 집어 건네주는 것.

선대 사장과의 오랜 인연을 내세우며 하워드란 이름을 지을 때 자기 의견을 물었다고 말하는 모습은 직업 세계의 냉혹한 현실을 무시하고 시대착오적이며 비현실적인 정(情)의 개념에 의존하고 있다는 것을 보여준다.

윌리는 가족적인 불안을 직업적 삶으로 전이시키는 듯하다. 형과 아버지를 잡아둘 만큼 많은 사랑을 받지 못했기 때문에 직업 세계에서는 '대단히 인기 있는' 사람이 되고자 애쓰는 것. 그리고 싱글맨의 성공담을 마치 영웅적이고 신화적인 것으로 과장하면서 정서적이고 심리적인 성취의 열쇠로 받아들일 만큼 매료되었지만, 요즘 업계에는 존경과 의리가 없다고 한탄하는 모습에서 윌리의 이상(理想)이 현실과는 거리가 멀다는 것이 드러난다. 그는 그런 것들에 대해 환상을 품었고, 아들들에게 여러 도시의 업계 친구들에 대해 말해 주곤 했지만, 그의 힘든 경험이 증명하듯 그 같은 동지애는 그의 망상 영역에만 존재할 뿐이다.

Act II(2)
벤에 대한 윌리의 환상부터 찰리와 나누는 대화까지

윌리는 벤이 방문했던 과거의 기억 속으로 빠져든다. 벤은 알래스카에 사둔 임야의 관리자가 필요하다며 함께 가자고 제안한다. 린다는 약간 겁먹은 듯한 표정으로 윌리에게는 여기도 좋은 일자리가 있다고 말하고, 윌리는 데이브 싱글맨의 성공과 미식축구 선수 비프의 장래성을 알래스카의 성공가능성과 비교하면서 벤의 동의를 구하고자 안달하지만, 벤은 문 밖을 나서기만 하면 부자가 되는 신대륙이 펼쳐진다는 말을 남긴 채 떠난다. 버너드가 뛰어 들어와 로먼 가족과 합류한다. 그들은 비프가 출전하는 미식축구 경기를 보러 갈 참이다. 해피는 버너드가 헬멧을 들고 가겠다고 말하자 낚아채며 자기가 들고 가겠다고 우기고, 비프의 말에 따라 버너드에게 어깨보호대를 양보한다. 그들이 집을 나가려는 순간, 찰리가 들어와 에베츠 필드가 폭파되었다고 놀리자 윌리가 발끈한다.

듬직한 청년 버너드가 아버지 회사의 응접실에 앉아 있다. 찰리의 비서 제니가 들어와 복도에 나가 윌리 좀 어떻게 해보라고 말하는 사이, 윌리가 들어와 제니와 인사를 나누다가 버너드를 발견하고 놀란다. 버너드는 재판 때문에 잠시 후 워싱턴에 가야 한다고 말한다. 윌리는 비프도 빌 올리버에게 불려와 이곳에서 자리를 잡을 것이라고 둘러대다가 쓸쓸한 어조로 비프의 인생은 에베츠 필드 경기 이후에 막혀버린 것 같다며 그 이유를 묻는다. 버너드는 비프가 수학 시험에는 낙제했지만 여름학기에 점수를 따면 문제가 없었기 때문에 등록하기로 결심했으나 아버지를 만나러 보스턴에 다녀온 뒤에 버지니아 대학교 이름이 새겨진 운동화를 불태워 버렸다면서, 그때 무슨 일이 있었냐고 되묻는다. 윌리는 비프의 실패를 아버지 탓으로 돌리는 것이냐며 역정을 낸다. 찰리가 사무실에서 나와 버너드에게 작별 인사를 하면서, 아들이 대법원에서 변론할 예정이라고 말한다. 윌리는 부러움과 기쁨이 교차하면서 버너드가 그 사실을 말하지 않았다는 점에 놀라워한다.

　찰리가 60달러를 건네자 윌리는 머뭇거리며 보험료를 내자면 110달러가 필요하다고 말한다. 잠시 침묵하던 찰리는 왜 자기가 제시하는 주급 50달러의 내근직을 받아들이지 않고 돈도 못 받는 일자리에 연연하며 모욕을 당하고 있느냐고 책망한다. 윌리는 다시 한 번 일자리가 있다면서 그 제안을 거절하지만, 이내 비탄에 잠겨 자기가 이름을 지어준 코흘리개에게 해고당했다며 어처구니없어 한다. 찰리는 이름 지어준 것이 대수냐며 그런 것은 팔 수 없다면서 이 세상은 팔 수 있는 것만 요구한다고 핀잔을 준다. 윌리는 인상적이고 인기만 있으면 무엇이든 이룰 수 있다고 생각했었다고 말하려 하지만, 찰리는 기기 막힌 듯 모두들 JP 모건이 부자이기 때문에 좋아하는 것이지 인상적이어서 좋아하느냐고 화를 내며 돈을 쥐어준다. 윌리는 울음이 북받치는 표정으로 '자넨 둘도 없는 친구'라는 말을 남기고 힘없이 찰리의 사무실을 나선다.

풀어보기

고교 시절 총명하고 전도양양했던 비프가 출세하지 못했던 이유를 알고자 하는 윌리의 간절함이 버너드와의 대화를 통해 되살아난다. 왜 '대단히 인기 있는' 십대 미식축구 선수 아들이 안정된 직업도 갖지 못하고 떠돌이 막일꾼이 되었을까? 윌리는 확실치는 않지만 뭔가 성공의 비결이 있다고 추측한다. 만약 윌리가 아메리칸 드림이란 신화의 장밋빛 색안경을 끼고 있지 않다면, 찰리 부자가 사회적 인기와 타고난 외모라는 허상 때문이 아니라 오랜 세월 열심히 노력한 덕분에 성공했음을 알 수 있을 것이다.

수학 낙제는 비프가 아버지의 계획표에 따라 살 수 없다는 점을 상징한다. 윌리는 자기 식으로 해석하는 아메리칸 드림을 너무 맹목적으로 믿기 때문에 비프가 따르기만 하면 성공할 수 있다고 기대하는 확고한 공식을 만들어놓았다. 그 청사진에 대한 믿음의 흔들림 없는 힘은 윌리가 야채 씨앗을 심으려 할 때 포장지의 파종 설명을 읽으며 '당근… 4분의 1인치 간격, 줄은… 1피트 정도' 하는 혼잣말에서 입증되는데, 자식들을 기르는 일에도 이처럼 규격화된 접근법을 적용했던 것이다. 비프는 교과서의 수학 공식들과 씨름하듯 똑같은 방식으로 이 공식과 씨름한다.

찰리는 비즈니스 세계가 작동하는 방식에 대한 윌리의 환상은 자본주의 경제 현실과 모순된다고 설명하면서 요란한 환상을 통해 윌리와 관계 맺기를 거부하고 항상 솔직하게 말해 준다. 비즈니스의 근본은 팔고 사는 것이지, 인상이나 인기, 과거의 인연 등과는 무관하다는 것. 이렇게 말하면서도 찰리는 인간적인 유대를 바탕으로 윌리에게 일자리를 제시하는 유일한 사람이지만, 이들의 관계는 적어도 윌리의 관점에서는 끊임없는 경쟁에 의해 형성되고 있다. 따라서 찰리의 일자리 제안은 윌리가 생각하는 이상적인 비즈니스 관계에 부합되지 않기 때문에 비즈니스 세계의 신화와 나날이 희미해지는 그 신화의 성공과 보상의 가능성을 내던지기보다는 보수가 좋고 안정적인 일자리 제안을 거절하는 것이다.

월리에게 아메리칸 드림은 일종의 성배(聖杯)가 되었으며 삶을 신화적 기준에 맞추기 위해 다른 사람들의 인정과 성공의 물질적 증거를 유치하게 갈망하는 모습은 종교적 성전(聖戰)의 양상을 취하게 되었다. 월리는 구원을 추구하고, '신체적 매력'과 '대단한 인기'를 통해 물질적이고 정서적인 만족에다 심지어 영적 만족까지 이룰 수 있다고 맹목적으로 기대하기 때문에 요리조리 빠져나가는 아메리칸 드림을 신봉한다. 그리고 세속적 구원을 위한 이 신화적 추구의 틀 속에 비프와 해피를 억지로 집어넣고는 심지어 '아도니스'와 '헤라클레스'라고 부르면서 아메리칸 드림의 약속에 따라 성공할 수밖에 없는 전설적 인물이라고 상상한다.

Act II(3)
프랭크 식당 장면

해피가 웨이터 스탠리에게 오늘 저녁식사 자리에 대해 설명하고 랍스터와 술을 준비시킨다. 그때 사치스런 차림새의 여자가 들어와 옆 테이블에 앉자 해피가 수작을 부리며 시시덕거리고 있는 사이에 비프가 당도한다. 해피는 그녀에게 자신은 잘나가는 샴페인 세일즈맨이고 형은 유명한 미식축구 선수라고 소개하면서 그녀의 친구를 한 사람 불러 함께 즐기자고 말하자, 그녀는 선약을 취소하고 친구를 부르겠다며 전화를 하러 나간다. 비프는 해피에게 오늘 큰일을 저질렀다면서, 올리버를 만나기 위해 여섯 시간이나 기다렸지만 정작 자기를 몰라보더라며 애초에 자기가 그 회사 영업사원이었다고 생각한 것부터가 잘못이었다고 실토한다. 사실, 비프는 발송부원에 불과했으나 윌리의 과장과 거짓말 때문에 로먼 집안의 집단 기억 속에서 영업사원으로 변신해 버렸던 것이다. 비프는 올리버와 비서가 나간

뒤 그의 사무실에 들어가 만년필을 훔쳤다고 말한다.

해피는 아버지에게는 올리버가 형의 사업 제안에 대해 신중히 생각하고 있다고 말해야 한다면서, 결국 2, 3주 후면 모든 상황이 아버지 기억 속에서 흐지부지될 것이라고 주장한다. 식당에 도착한 윌리는 해고 사실을 밝히고, 지금까지 고생만 했던 린다에게 기쁜 소식을 전해야 한다며 비프를 채근한다. 덩달아 해피도 옆에서 거들자 비프가 짜증을 내는 순간, 윌리의 기억 속에서 버너드가 비프의 낙제를 알린다. 비프는 올리버와의 면담에 대해 말하려 하고, 윌리는 계속 낙제를 책망하며 횡설수설한다. 낙제한 것은 비프 자신이지 아버지 탓은 아니라는 것. 당황한 비프는 훔친 만년필에 대해 얼버무리고, 격앙된 윌리는 보스턴의 호텔방에서 '여자'와 함께 있다가 비프에게 들키는 기억을 떠올린다. 놀란 비프는 흥분한 아버지를 진정시키기 위해 한쪽 무릎을 꿇고 '앞으로는 잘하겠다'며 올리버에 대해 거짓말을 시작한다. 윌리는 자신의 입장을 해명하며 올리버를 다시 만날 수는 없다고 말하는 비프에게 비난을 퍼붓는다. 포사이드가 친구 레타를 데리고 돌아온다. 윌리는 "문에 나가 보세요"라는 '여자'의 다급한 목소리가 들리자 화장실로 향한다. 화가 난 비프는 해피에게 아버지께 '잘하고 제발 도와드리라'고 말하고는 테이블 위에 고무호스를 꺼내놓고 식당을 뛰쳐나간다. 해피는 짜증 섞인 목소리로 스탠리에게 계산서를 가져오라고 소리치지만 즉시 대꾸를 하지 않자 화장실에서 혼잣말하는 아버지를 남겨둔 채 포사이드와 레타를 앞세우고 황급히 형을 따라 나간다.

:풀어보기

하워드, 버너드, 찰리와의 만남은 윌리가 자신의 인생을 들여다보는 환상에 심각한 타격을 입힌다. 그가 공들여 꾸며놓은 현실이 붕괴되고 있는 것이다. 비프도 진실의 순간을 경험하지만, 그 통찰을 그동안 숨 막히게 하고 진실을 왜곡했던 거짓으로부터 해방시켜 주는 경험으로 받아들인다. 비프는 자신과 아버지가 진실한 관계를 맺기 시작할 수 있도록 로먼 가족의 전통인 겉모습에서 벗어나기를 바라는 반면, 윌리는 패배자인 그의 현실을 부정하는 정교한 환상을 재구축하도록 두 아들이 도와주기를 원한다.

윌리의 가장 큰 두려움은 불길한 저녁식사 자리에서 현실이 된다. 윌리는 나약함과 패배의 순간에 산산조각 난 인생을 재구축하기 위해 두 아들에게 도움을 청하지만, 아주 좋아할 만한 아버지가 아니며 스스로도 그 점을 잘 알고 있다. 술집에서 보여준 두 아들의 행태는 전형적인 유기(遺棄)다. 아버지, 다음에는 벤, 그리고 이어 사장 하워드처럼 비프와 해피도 윌리의 환상 세계를 서서히 파괴한다. 프랭크 식당 장면은 윌리의 정신적 불안과 비프의 각성에 중추적인 역할을 한다. 비프는 올리버의 사무실을 찾아갔다가 아버지가 자신의 위치를 과장해 주입했다는 사실을 깨달으면서 어떤 대가를 치르더라도 아버지를 둘러싸고 있는 짙은 거짓의 구름을 돌파해야겠다고 결심한다. 윌리가 인정하고 싶지 않은 이야기를 들으려 하지 않듯, 비프도 아버지의 망상에 더 이상 종속되기를 거부하는 것.

윌리의 신앙에 가까운 성공 추구는 복잡하고 다층적인 망상에 근거하며, 비프는 아버지가 '잘' 죽으려면 거짓의 두꺼운 앙금을 뚫고 개인적 강등이라는 진실로 나아가야 한다고 믿는다. 윌리와 비프 모두 싱글맨의 신화적인 '세일즈맨의 죽음'과 곧 닥칠 윌리의 애처로운 죽음이 다르다는 점을 의식하고 있다. 윌리는 '세일즈맨의 죽음'이란 그 직업의 성격상 반드시 숭고할 수밖에 없다는 희망을 고수하는 반면, 비프는 아메리칸 드림의 공허한 약속의 허상 뒤에는 싱글맨이 대표하고 아메리칸 드림 자체가 가정하는 것과는 정반대인 처절하리만큼 외로운 죽음이 놓여 있음을 이해하고 있다. 린다와 해피는 윌리가 점점 줄어들더라도 망상의 안락함 속에서 죽게 되기를 원하지만, 비프는 도의적 책임을 느끼고 진실을 밝히려 애쓴다.

Act II(4)
보스턴의 호텔 방 회상부터
윌리가 프랭크 식당을 나설 때까지

두 아들이 프랭크 식당을 떠나자 윌리는 십대의 비프가 보스턴으로 찾아왔던 기억 속으로 빠져든다. 그의 회상 속에서는 밤에 정부와 함께 호텔 방에 있지만, 현실에서는 아직도 프랭크 식당의 화장실에 있는 것으로 추측된다. 연신 호텔방에 전화를 했지만 응답이 없자, 비프가 호텔 방으로 와서 문을 두드린다. 속치마 차림의 '여자'는 호텔 손님들이 모두 깨겠다며 셔츠의 단추를 끼우고 있는 윌리에게 나가보라고 채근하지만 찾아올 사람이 없다며 버틴다. 그러나 노크 소리가 계속되고 '여자'가 신경이 너무 쓰인다고 보채자 욕실에 들어가 잠자코 있으라고 말하고는 문으로 간다.

윌리가 문을 열자 비프가 들어서며 수학에 낙제했다면서 번봄 선생님을 설득해 점수를 주게 해달라고 말한다.

불안한 윌리는 비프를 방에서 내보내려고 애쓰지만, 비프가 계속 얘기를 늘어놓으면서 선생님의 혀 짧은 말투를 흉내 내자 욕실에 있던 '여자'가 큰 소리로 웃는다. 비프가 욕실에 누군가 있다고 말하자 윌리는 옆방에서 파티를 한다고 둘러댄다. '여자'가 탕 안에 뭔가가 있다며 욕실에서 나오자 비프는 깜짝 놀라고, 당황한 윌리는 옆방 손님인데 방에 페인트칠을 하고 있기 때문에 여기서 샤워를 한 것이라고 둘러댄다. '여자'가 윌리에게서 스타킹 한 상자를 챙겨 방을 나간다. 비프는 가방 위에 앉아 꼼짝하지 않고 눈물을 흘린다. 윌리는 사내자식이 울면 안 된다며 어른이 되면 모두 이해하게 될 것이라면서, 아침에 수학 선생님을 만나겠다고 말한다. 비프는 버지니아 대학에는 가지 않겠다고 말하고, 어머니 스타킹을 그 여자에게 주었다고 비난하면서 가려고 하자 윌리가 명령이라며 잡는다. 비프는 아버지는 거짓말쟁이, 사기꾼이라며 울면서 가방을 들고 나가고, 윌리는 무릎을 꿇은 채 '돌아오지 않으면 종아리를 맞는다'고 고함을 친다.

몽상에 빠져 있는 윌리를 일으켜 세운 스탠리가 두 아들은 여자들과 나갔으며, '집에서 뵙겠다'는 말을 했다고 전한다. 윌리는 "저녁을 같이 먹기로 했는데"라며, 팁을 주지만 스탠리는 윌리가 뒤돌아서는 순간 그 돈을 다시 윌리의 재킷에 집어넣는다. 윌리는 스탠리에게 씨앗가게가 어디에 있는지 묻고, '마당에 아무것도 없기' 때문에 당장 씨앗이 필요하다며 황급히 식당을 나간다.

윌리는 비프가 자신의 기대를 저버린 이유를 불륜에서 찾고 있다. 그 사건을 목격하기 전, 비프는 정교하게 구축된 아버지의 가면적인 인격을 믿지만, 그 이후에는 '엉터리 사기꾼'이라고 비난한다. 아버지의 겉모습 이면을 보고 그 뒤에 감춰진 실체를 부정하는 것인데, 세일즈맨에게는 이렇게 협잡꾼으로 밝혀지는 것이 최악의 악몽이다. 윌리는 그답게 아주 단순한 인과관계를 추정하면서, 비프의 실패는 자신의 불륜 때문에 경험한 각성이 직접적인 원인이라고 믿는다. 아버지의 불륜을 경멸하면서, 틀림없이 자신에 대한 아버지의 야망마저 멸시하게 되었다는 것.

이런 생각으로 윌리는 또다시 개인적인 삶과 직업적인 삶을 융합시킨다. 아메리칸 드림은 직업적 성공과 물질적 이익으로 구성된다고 이해하는 윌리는 인간이 그것들 없이도 행복을 손에 넣을 수 있다는 생각을 받아들이지 않는다. 그런데 이처럼 간절히 바라는 성공의 유형적 증거가 윌리의 몽상 속에서는 '육체적 매력'과 '대단한 인기'라는 비실체적이고 덧없는 개념에 의해 성취된다는 것은 얄궂은 일이다. 윌리는 더 이상 자신을 아버지나 한 인간으로서 존경할 수 없는 비프가 아버지의 기대와 자기의 상처받은 감정 상태를 분리할 수 없기 때문에 아메리칸 드림을 성취하려는 모든 희망을 자동적으로 포기했다고 믿는다. 어떤 의미에서 이 같은 생각은 옳다고 할 수 있다. 비프가 아버지의 불륜을 알게 되면서 총체적인 아메리칸 드림의 일괄 거래는 손상되었고, 따라서 아버지가 그토록 간절히 그에게 팔려고 애쓰는 하자 있는 제품을 거부하기 때문이다.

극의 초반부에서 윌리가 린다의 스타킹에 신경을 쓰는 모습은 보스턴 사건이 대변하는 탄로와 추락의 전조다. 프랭크 식당의 클라이맥스 장면에서 비프가 로먼 가(家)를 몰락시키고 있는 신화와 거짓을 처음으로 떨쳐내려고 시도하기 전까지는 윌리의 불륜을 짐작케 하는 유일한 잠재의식적 흔적은 아내에게 낡은 스타킹을 내다버리라고 고집하는 모습뿐이다. 점점 더 치밀해지는 거짓의 보호막에 가해지는 비프의 공격으로 인해 불륜에 대한 죄책감과 대면할 수밖에 없는 윌리는 배신의 상징인 스타킹의 힘에 압도된다. 윌리의 야망의 화신인 비프가 아버지가 권하는 망상을 거부할 때, 아들에게 가졌던 아메리칸 드림에 대한 윌리의 믿음도 꺾이기 시작한다.

윌리가 광적으로 씨앗가게에 관심을 보이는 모습은 유산에 대한 불안감을 드러낸다. 가난하고 이제 직장마저 잃은 윌리는 자식들에게 뭔가를 물려줄 방법이 없다. 사실, 스탠리에게 팁을 주는 것은 자신이 뭔가를 소유하고 있다는 점을 스스로에게 증명하려는 미약한 시도다. 또한 주는 행위는 받을 사람을 필요로 하는데, 두 아들이 아버지를 버린 상황에서 '자네가 마음에 들었다'며 팁을 건넬 때는 일시적으로 스탠리가 대리아들이 되는 것이다. 마찬가지로, 윌리가 절실하게 채소를 기르려고 하는 것은 자신의 노동과 그 결과에 따른 인생의 가치를 증명할 유형의 증거를 간절히 바란다는 뜻이다. 게다가 성공적인 야채 재배는 비프를 제대로 기르지 못한 실패를 보상해 주는 의미가 될 것이다. "아무것도 심어놓은 게 없어. 마당에 아무것도 없거든"이라는 윌리의 말은 비프가 로먼 집안의 해묵은 망상의 뿌리에서 벗어났음을 인정하는 것이다. 끝으로, 윌리가 텃밭 가꾸기를 성공과 실패의 은유로 활용하는 것은 손으로 작업하고 창조하는 일이 그의 체질에 맞는다는 점을 감안한다면, 애초에 세일즈 분야로 뛰어든 것이 부실한 선택이었음을 잠재의식적으로 인정한다는 암시가 된다.

Act II(5)
귀가한 비프와 해피를 린다가 책망하는 장면부터 비프와 윌리의 마지막 대면과 자살

그날 밤, 비프와 해피는 어머니에게 줄 장미 한 다발을 들고 귀가한다. 린다는 해피가 내미는 꽃다발을 쳐내면서 비프에게 아버지 생사에는 관심도 없냐며 눈앞에서 사라지라고 소리친다. 해피는 아버지와 즐거운 시간을 보냈다고 말하지만, 린다는 더러운 계집애들이나 쫓아간 '똑같은 것들'이라며 '짐승 같은 놈들'이라고 꾸짖는다. 해피는 변명을 늘어놓다가 비프가 가로막자 아무 말 없이 2층으로 올라간다. 비프는 린다의 꾸지람이 계속되자 어머니 말대로 자기는 '쓰레기'라고 대꾸하고는 아버지와 당장 얘기를 해야겠다며 윌리를 찾는다. 린다가 아버지를 괴롭히지 말라고 애원한다. 집 밖에서 망치 소리가 들리고, 린다와 비프가 밖으로 나간다. 윌리가 어둠 속에서 플래시와 괭이, 씨앗 봉지를 한 손에 가득 들고 발로 거리를 재면서 움직인다. 윌리가 씨앗 봉지의 설명문을 읽고 내려놓을 때 벤이 다가온다. 윌리는 그동안 아내가 고생이 많았다며 빈손으로 왔다 빈손으로 갈 수는 없는 노릇이라면서, 2만 3천 달러짜리 계획에 대해 조언을 구한다. 벤은 어리석은 짓을 하면 보험회사에서 약관대로 보험금을 지불하지 않을 수도 있다고 경고한다. 윌리는 피땀 흘려 일해 꼬박꼬박 보험료를 냈기 때문에 돈을 안 주는 것은 말이 안 된다면서 그 돈만 있으면 사정이 달라질 것이라고 낙관하고, 장례식에 참석하는 각지의 조문객들을 보면 비프도 아버지가 어떤 인물이었는지 알고는 깜짝 놀랄 것이라고 으쓱해한다. 벤은 비프가 아버지를 비겁하고 어리석다며 미워할 수도 있다고 경고한다. 윌리는 왜 자기는 아들에게 줄 것이 없어 미움을 받는지 모르겠다고 한탄한다.

비프는 집을 떠나 다시는 돌아오지 않을 것이며 편지도 하지 않겠다면서 악수를 청하지만, 윌리는 악수할 수 없다며 잘 가라고 대꾸한다. 비프가 몸을 돌려 계단으로 가자 윌리는 절대로 가면 안 된다며 어딜 가든 원망하는 마음부터 고쳐야 신세를 망치지 않는다면서 자기 실패를 아버지 탓으로 돌리지 말라고 소리친다. 비프가 주머니에서 고무호스를 꺼내 식탁 위에 놓고 따지자 윌리는 '전혀 모르는 일'이라며 발뺌한다. 비프는 아버지가 '우리의' 실체를 알아야 한다면서 '우리는 이 집에서 단 10분도' 진실한 대화를 나

눈 적이 없으며, 해피도 보조구매원이 아니라 그 밑에 있는 두 명의 보조 가운데 하나라고 말하고, 더 나아가 자신은 고등학교 시절 이후로 어느 직장에 가든 도둑질을 했고 가족과 완전히 연락이 끊겼던 3개월은 양복 한 벌 훔친 죄로 교도소에 다녀왔다고 덧붙인다. 이어 아버지가 자기에게 대단한 사람인 양 너무 심한 허영심을 불어넣어준 나머지 남의 명령이나 받고 일하는 것이 싫었기 때문에 성공하지 못했다며 자신이 원하는 일은 사무실 안이 아니라 탁 트인 넓은 곳에 있다고 힘주어 말한다. 윌리가 반박하지만, 비프는 자기나 아버지는 '싸구려 인간'이며, 남을 지도할 자격이 없고 죽도록 일하다가 쓰레기통에 처박히는 세일즈맨에 불과하다고 쏘아붙인다. 윌리가 '불효자식'이라며 계단으로 올라가려 하자 풀죽은 비프가 붙잡고는 울면서 안긴다. 윌리는 말없이 비프의 얼굴을 쓰다듬는다. 비프는 아침에 떠나겠다며 자기 방으로 간다. 오랜만에 생기를 찾은 윌리는 비프가 안겨 우는 모습을 보니 자기를 좋아하는 것이 분명하며 훌륭하게 될 것이라고 흡족해한다. 린다와 해피는 비프가 언제나 아버지를 사랑했다고 말한다. 어느 정도 남편의 위험한 속내를 감지한 린다가 조심스레 잠자리에 들자고 말하자 윌리는 쉬고 싶으니 혼자 있게 해달라면서 곧 올라갈 테니 먼저 잠자리에 들라고 재촉한다. 윌리는 벤과 대화를 나누며 비프 주머니에 2만 달러가 들어가면 다시 버너드를 앞서게 될 것이라며 흐뭇해한다. 벤이 어둠 속으로 사라진다. 월리는 문득 혼자 남았다는 사실을 깨닫는다. 린다가 어서 올라오라고 재촉하지만, 월리는 집을 돌아 황급히 사라진다. 린다가 월리를 부른다. 대답이 없다. 해피와 비프도 귀를 기울인다. 공포에 사로잡힌 린다가 다시 월리를 부른다. 이어 자동차가 출발하고 전속력으로 질주하는 소리가 들린다.

· 풀어보기

월리와 비프의 마지막 대면에서 근본적인 정체(停滯) 상태가 드러난다. 비프는 아버지가 자기를 쓸모없는 건달로 치부하고 잊어주길 원한다. 일단 아버지가 놓아주면 자유롭게 본모습의 자기가 될 수 있으며 무거운 아버지의 꿈을 짊어지지 않고도 삶을 영위할 수 있기 때문이다. 그러나 직접 아메리칸 드림을 성취할 가망성이 없기 때문에 그 희망을 아들에게 전이시킨 월리는 자기 인생의 구심점이었던 신화를 포기할 수 없다. 월리가 비프의 요구를 들어준다는 것은 자신의 꿈과 야망을 영원히 버리고 오랜 세월 믿어왔던 아메리칸 드림이 수포로 돌아간다는 것을 인정한다는 의미가 된다. 월리와 비프는 모두 자신들의 정체성을 지키기 위한 절망적인 전장에서 싸우고 있는 것이다.

오랜 세월이 흐른 지금, 비프는 자신의 각성이 아버지의 불륜이나 아버지가 품은 야망의 본질적인 어리석음으로 인해 일어났다고 여기지 않는다. 얄궂게도 자신이 안정된 직업을 갖지 못한 이유를 아버지가 손쉬운 성공이라는 아메리칸 드림을 아들에게 잘 팔아먹었기 때문이라고 생각하는 것이다. 그러나 그가 인생에서 실패한 진짜 이유는 아버지의 꿈을 믿었기 때문이다. 성공은 그의 노력이나 야망과는 관계없이 언제든 마술처럼 찾아올 것이라고 믿은 나머지 밑바닥부터 차근차근 단계를 밟아 올라갈 수 없었던 것이다. 비프의 눈물을 흐뭇해하는 윌리의 반응은 그가 또다시 가족의 사랑 속에서 위안을 구할 수 있는 기회를 놓쳐버렸음을 예증한다. 아들의 눈물을 자기를 '좋아한다는' 물적 증거로 받아들이고 가족이 주는 고뇌에 찬 사랑을 깨닫지 못하는 모습은 그의 고통스러웠던 하루의 클라이맥스에 매우 중요한 의미를 갖는다. 오랫동안 성공적인 판매술을 '대단한 인기'와 동일시했던 윌리가 아들이 자신을 좋아한다고 상상함으로써 자신의 판매 능력에 대한 확신이 고양되면서 마지막 판매, 즉 생명 판매를 잘못 추진하게 만들었다고 주장할 수도 있는 것이다.

윌리의 마음속에 임박한 자살은 세일즈맨으로서의 가치를 확인시켜 줄 뿐만 아니라 자신의 희생에 따른 보험금으로 아들이 아메리칸 드림을 실현할 수 있을 것이라고 믿기 때문에 순교자로도 만들어준다. 윌리에게는 아메리칸 드림을 실현하는 마지막 야망이자 두 아들에게 뭔가를 주는 궁극적인 헌신 행위인 것. 벤의 말에 의하면, 윌리가 추구하는 숭고한 죽음은 '결코 어떤 약속 같은 것이 아니라 만지면 거칠고 딱딱한… 다이아몬드' 같은 것이다. 윌리는 진정한 자각을 경험하지는 못했지만, 적어도 자살을 통해 유형의 결과를 얻을 수 있으며, 이런 방식으로 일종의 계시를 경험한다. 자기가 판매하는 제품은 바로 자신이며 마지막 거래품은 자신의 생명이란 것을 이해하게 되고, 형의 조언을 통해 결국에는 전에 찰리에게 했던 말, 즉 "그토록 기를 쓰고 차를 몰아 고속도로를 달리고, 기차를 타고, 약속을 하면서 수십 년을 일했지만, 결국 사는 것보다는 죽는 게 더 가치 있는 사람이 되고 만다"는 말을 믿게 되는 것.

아메리칸 드림을 종교적 성전인 양 집착하는 윌리의 모습을 분석하면, 그의 자살은 아메리칸 드림 자체에 대한 궁극적 숭배인 동시에 직업적이고 개인적인 삶의 실패에 대한 마지막 속죄를 나타낸다. 미국의 고집스러운 노동 계급 기독교도인 윌리는 자신의 죄뿐만 아니라 아메리칸 드림 안에서 잠재력을 실현하지 못한 두 아들의 죄를 대신해 죽는다고 할 수도 있다.

Requiem
진혼곡

윌리의 장례식에 참석한 사람은 윌리의 가족과 찰리, 버너드뿐이다. 린다가 남편의 사업상 친구란 사람들이 조문하러 오지 않은 것을 서운해하자 찰리는 '세상은 야박한 곳'이라고 대꾸한다. 린다는 35년 만에 처음으로 빚을 다 갚고 이제 월급이나 조금 받으면 살아갈 수 있는 마당에 왜 그런 짓을 했는지 모르겠다고 안타까워하면서, 남편이 세일즈보다는 집을 수리할 때 더 즐거워했던 것 같다고 회상한다. 비프가 아버지는 하나같이 허황된 꿈을 꾸었으며 스스로를 제대로 평가하지 못했다고 말하자, 찰리는 세일즈맨은 꿈을 꾸어야 하며 그렇지 않으면 끝장이라면서 어떤 패배에 직면하더라도 기죽지 않는 세일즈맨의 낙천성은 자신을 파는 억제할 수 없는 꿈에서 나오는 것이라고 설명한다. 해피는 비프가 함께 떠나자고 하자 뉴욕에 남아 아버지의 꿈을 대신 이루겠노라고 답한다. 남편에게 작별인사도 못했다며 잠시 혼자 있게 해달라고 부탁한 린다는 마치 '또 출장을 간 것 같아' 울 수도 없다면서, 오늘 마지막 주택 할부금을 치렀으며 이제 빚도 없고 마음 편히 살 수 있는데…라며 흐느낀다. 비프가 다가와 어머니를 부축하고 퇴장한다. 플루트 연주 소리가 들리면서 윌리의 집을 둘러싸고 우뚝 솟은 아파트 건물이 뚜렷이 보인다.

이 희곡에서 가장 오래 기억될 인상적인 대사 가운데 하나인 세일즈맨이 지닌 꿈의 속성에 대한 찰리의 말은 세일즈맨이란 직업의 속성, 즉 부담스러운 기대와 부조리한 요구에 대한 설명을 통해 윌리 개인에게 가해지는 비난을 덜어주는 일종의 찬사라고 할 수 있다. 이 말에 담긴 기묘하면서도 시대에 어울리지 않는 종교적 형식의 어투("아무도 이 사람을 비난할 수는 없다.")는 자신을 팔고자 했던 윌리의 노력이 갖는 종교적 성격을 그대로 보여준다. 따라서 어떤 의미에서는 윌리 로먼이 주변 환경에 포위당한 자신의 믿음을 지키기 위해 처절하게 싸운 전후 미국판 중세 십자군이라고 주장할 수도 있다.

세일즈맨은 자신의 이미지가 갖는 덧없는 힘, 즉 '미소와 반짝거리는 구두'로 자신의 꿈을 지탱하면서 자신을 팔기 위해 끊임없이 위로 올라가는 사람이라는 찰리의 말은 세일즈맨의 삶이 꿈이 없으면 안 되고 그만큼 긴장의 연속이자 사소한 것에도 신경을 써야 하는 힘든 직업이란 것을 암시한다.

월리는 물질적 성공과 관련된 측면에만 신경을 쏟고 아메리칸 드림의 전체적인 면은 보지 못하는 것과 마찬가지로 직업적인 측면과 개인적인 측면을 하나로 융합시키기 때문에 총체적인 인간적 경험에는 눈이 어둡다. 찰리의 말마따나 '몇 푼 안 되는 월급만으로는 부족하다'. 자신의 가치를 입증할 정서적 혹은 정신적 삶이 없이 돈과 물질만으로 살아갈 수 있는 사람은 없는 것이다.

세일즈맨은 세상 사람들이 반겨주지 않으면, '지진이 일어나는 것처럼' 심리적 · 정서적 · 정신적으로 '끝장'이다. '세일즈맨은 꿈을 꾸어야 하는 것'(Salesman is got to dream.)이다. 이처럼 'has' 대신 'is'가 들어간 찰리의 재미난 속어 표현은 세일즈맨의 숙명을 암시한다. 세일즈맨은 살아가면서 반드시 꿈의 요청에 따라야 할 뿐만 아니라 밀러가 주장하듯 말 그대로 꿈을 꾼다는 유일한 목적만을 지니고 태어난다.

많은 면에서 월리는 아메리칸 드림이란 신화가 성공의 주요 경로라고 대충 꼽는 것은 모두 해냈다. 집과 각종 현대식 가전제품들을 장만했으며, 가족을 부양했고, 희망과 야망이 가득한 비즈니스 세계에 뛰어든 것이다. 그럼에도 불구하고 아메리칸 드림이 약속하는 과실들을 받지 못했던 그가 지닌 근본적인 문제는 삶과 정체성에 대한 개념을 좀 더 현실적인 기준에 맞도록 재구성하지 않고 계속 그 신화를 믿었다는 점이다. 그 신화가 신봉하는 가치들은 인간의 불안정과 의심을 진정시키기 위해 만들어진 것이 아니다. 오히려 그 신화는 비현실적으로 그 같은 약점의 존재를 무시한다. 윌리는 미국이 자체 홍보를 위해 사용하는 상술(商術)을 받아들였고, 그 믿음의 대가는 죽음이다.

무덤 앞에서 린다가 남편이 '또 출장을 간 것 같다'고 중얼거리는 모습은 비프가 보험금으로 성공할 수 있다는 윌리의 희망이 실현되지 않을 것이란 암시다. 린다의 비유는 얼마간 윌리의 죽음에서 그가 상상했던 존엄의 가능성을 벗겨냄으로써 그 죽음의 가치를 퇴색시킨다. 따라서 윌리가 지금 선택한 의미 있는 죽음을 향한 여행도 희곡이 시작되면서 바로 다녀왔던 그 출장만큼이나 아무런 소득 없이 끝나는 상황이 불가피한 것 같다. 사실, 윌리의 헛된 아메리칸 드림의 추구를 상징하는 그동안의 플루트 연주 소리들과 마지막 장면의 위압적인 아파트 건물들은 윌리가 살아 있을 때와 마찬가지로 망상 속에서 죽었다는 사실을 한층 더 뚜렷이 보여준다.

Important Quotations Explained

다음은 주요 인용구 해설입니다.

1. 그런 모습을 보고 나도 세일즈야말로 남자라면 한 번 해볼 만한 가장 위대한 직업이라는 사실을 깨달았네. 여든넷이란 나이에 2,30개 도시를 다니면서 전화 한 통화로 그렇게 많은 사람들로부터 기억되고 환영받고 도움을 받을 수 있다니, 이보다 더 만족스러운 일이 또 어디 있겠나?

    — 제2막. 하워드의 사무실에서 윌리가 내근직을 부탁하면서 데이브 싱글맨을 만난 후 세일즈에 투신하게 된 계기를 이야기하는 장면. 싱글맨은 윌리 자신이 갈망하는 고귀한 '세일즈맨의 죽음'을 실현한 전설적인 세일즈맨이었다. 늙어서까지 성공한 세일즈맨으로 활동한 싱글맨을 찬양하는 모습은 '대단한 인기'에 대한 윌리의 집착을 보여준다. 윌리가 사람들이 자신을 '기억하고 사랑하게' 만드는 것을 최고의 만족으로 여기는 이유는 세일즈 현장에서 얻는 따뜻함은 가족의 사랑으로는 불가능한 방식으로 그의 가치를 확인시켜 주기 때문이다. 윌리는 싱글맨을 너무 존경하고 현장에서 맞은 죽음을 숭고하고 존경스럽고 고상한 것이라고 생각하는 나머지 자신의 인간적인 면을 보지 못하는 것과 마찬가지로 싱글맨의 인간적인 면을 보지 못한다. 싱글맨을 행복한 사람이라고 마음속에 그리고 있으면서, 그가 여든네 살의 나이에도 일을 했으며 자기와 똑같은 경제적 어려움, 그리고 그에

따른 심리적 압박과 비참함을 경험했을지 모른다는 사실은 무시하는 것.

2. 제가 이 세상에서 사랑하는 것들을 보았어요. 일하고 먹고, 앉아서 담배를 피울 수 있는 시간. 그러다 그 만년필을 들여다보며 생각했죠. 도대체 내가 뭣 땜에 이걸 손에 쥐고 있는 거지? 왜 내가 원하지도 않는 것이 되려고 애를 쓰고 있을까?… 지금 내가 원하는 건 저기 저 탁 트인 넓은 곳에 있어요. 진정 내가 누구인지 안다고 말하면, 언제든 나를 기다려주는 곳.

    — 제2막의 클라이맥스 부분에서 비프가 아버지에게 던지는 대사. 비프는 이 말을 하면서 자신의 참된 정체성을 분명히 밝히지만, 윌리는 전혀 이해하지 못한다. 비프는 자신이 '싸구려 인간'이라고 확신하며 안도감마저 느끼는데, 이렇게 아버지의 망상에서 탈출하면 자신의 본능에 충실하고 꿈과 인생을 일치시킬 수 있기 때문이다. 윌리는 아메리칸 드림이 약속하는 물질적 성공과 '대단한 인기'의 경계 밖에 있는 개인의 정체성은 전혀 이해하지 못하는 반면, 자신이 그 경계 밖에서만 행복할 수 있다는 점을 깨닫고 있는 비프는 아버지의 망상을 바로잡으려던 시도는 실패해도 아버지의 기대로부터는 자유로워진다. 만년필을 훔친 어리석음을 깨닫고 상업주의적인 세상과의 관계를 끊으면서 아주 소박한 삶에 만족하는 것.

3. 다이아몬드를 만지면, 단단하고 거칠지.

    — 제2막에서 등장하는 벤의 마지막 말인 "정글은 어둡지만 다이아몬드로 가득하지"는 윌리의 자살을 도덕적 갈등과 거래 문제로 변화시킨다. 벤의 말에 따르면, 윌리의 마지막 행동은 '결코 어떤 약속 같은 것이 아니라' '만지면 거칠고 단

단한… 다이아몬드' 같은 것이다. 즉 결실 없고 감정이 상했던 하워드 와그너와의 만남과는 달리, 윌리의 죽음이 실제로 윌리와 그의 가족에게 구체적인 결과물을 가져다줄 것이라는 암시다. 윌리는 이 매력적인 생각을 꽉 잡은 채, 세일즈맨으로서 성공한 사람이란 것을 마침내 증명할 수 있다는 사실에 안도하고, 더 나아가 생명보험금 2만 달러만 있으면 자신이 오랜 세월 갈망했던 비프의 성공이 드디어 실현될 것이라고 확신한다. 다이아몬드는 세일즈맨이란 직업이 윌리에게 가져다주지 못한 물질적 성공을 상기시키는 유형의 물질이자 형과 함께 이룰 수도 있었지만 놓쳐버린 물질적 성공의 기회를 상징한다. 윌리는 2만 달러라는 은유적 다이아몬드에 자신을 팔기로 하면서, 이전에 찰리에게 했던 말—"그토록 기를 쓰고 고속도로를 달리고, 기차를 타고, 약속을 하면서 수십 년을 일해 왔는데도 결국 사는 것이 죽는 것보다 못하게 되었네."—을 다시 실감한다.

4. **아무것도 심어놓은 게 없어. 마당에 아무것도 없단 말이야.**

— 제2막 프랭크 식당에서 클라이맥스 다음. 식당을 나서면서 윌리가 스탠리에게 마당에 텃밭을 꾸미려면 씨앗을 사야 하는 이유를 말하는 장면. 텃밭은 윌리의 실패한 삶과 비프의 소진된 꿈을 채워주는 마지막 대용물 역할을 하는 것이다. 은유적으로 말하자면, 윌리는 자기가 살아오면서 이룩해 놓은 성과에 대한 유형의 증거가 없다는 점을 인식하고 있는 것. 씨앗을 심으며 벤과 대화하던 윌리는 '사람이란 들어왔던 길로는 나갈 수 없다'면서, '뭔가 보태지 않으면 안 된다'고 걱정한다. 성공의 물적 증거에 집착하는 윌리의 모습은 자신의 무형적 이미지를 파는 능력을 필요로 하는 그의 직업과 모순된다. 씨앗은 윌리가 다른 면에서도 실패했다는 것을 상

징한다. 그가 텃밭 가꾸기를 성공과 실패의 은유로 사용한다
는 사실은 타고난 성향에 비춰볼 때 직업 선택이 잘못되었
다는 점을 잠재의식적으로 시인한다는 암시다. 윌리는 세일
즈에 뿌리를 두고 있지만(벤은 아버지가 성공한 세일즈맨이
었다고 주장), 결코 자신이 숭배하던 데이브 싱글맨 같은 인
물이 되지는 못했다.

5. **그는 미소와 반짝거리는 구두에 의지해 푸른 바다 먼 곳을 항해하
    는 사람이었어. … 얘야, 세일즈맨은 꿈을 꿀 수밖에 없단다.**

    — "진혼곡"에서 찰리는 비프에게 아버지를 비난하지 말라
    며 세일즈맨의 꿈에 관해 언급하면서, 힘든 직업의 희생자
    윌리를 옹호하고 있다. 세일즈맨에 관한 이 같은 시적인 평
    가는 윌리가 세일즈맨이란 직업에 대해 항상 마음속에 그렸
    던 신화적 성격을 윌리의 일에 부여한다. 세일즈맨을 영웅적
    이고 용감한 뱃사람, 즉 그를 인도해 줄 길잡이도 없이 강력
    한 힘에 맞서 싸우며 '푸른 바다 먼 곳을 항해하는' 사람에
    비유하고, 세일즈맨의 업무가 상상할 수 없을 만큼 과중하지
    만 쓸 수 있는 도구는 대단히 보잘것없다는 점을 강조하는
    것. 미소와 반짝거리는 구두에 의지해 자신을 팔고 있던 윌
    리는 거듭된 실패로 미소가 사라지고 구두도 빛을 잃으면서
    그 일이 훨씬 더 힘들어졌으나 심리적으로 '끝장난' 상태에
    서도 '세일즈맨은 꿈을 꿀 수밖에 없기' 때문에 먼 곳을 다
    니며 최선을 다해야 했다. 이 대사에서는 윌리의 신산한 삶
    을 동정하는 찰리의 마음이 드러난다.

원 제목: 세일즈맨의 죽음: 2막과 진혼곡에 담긴 어떤 사적 대화 Death of a Salesman: Certain Private Conversations in Two Acts and a Requiem

작가: 아서 밀러 Arthur Miller

글의 종류: 희곡

글의 유형: 비극, 사회 비평, 가족극

언어: (미국 중산층의 언어가 강조된) 영어

집필 시기와 장소: 1948년, 6주간 미국 코네티컷 주의 한 작업실에서

발표 연도: 1949년

초판 출판사: 바이킹 프레스 The Viking Press

클라이맥스: 프랭크 식당 장면, 비프와 윌리의 마지막 대면

주인공: 윌리 로먼, 비프 로먼

갈등 관계: 윌리 로먼, 비프 로먼, 아메리칸 드림

배경(시간): 현재를 뜻하는 '오늘'은 1940년대 말이나 연극이 상연되는 시점을 의미할 수 있다. '몽상'은 윌리의 과거. 극중 사건은 모두 월요일 밤부터 화요일 밤 사이 24시간 이내에 벌어지는데, "진혼곡"만은 예외적으로 어쩌면 윌리의 장례식 며칠 후일지 모른다.

배경(장소): 무대 지시에 따르면, (브룩클린) 소재 윌리 로먼의 집과 마당, 윌리가 방문하는 뉴욕과 보스턴의 다양한 장소.

하강(下降. 클라이맥스 다음 이야기): 전통적인 희곡 구조의 형

태를 취하고 있지 않지만, "진혼곡" 부분을 하강이라고 볼
수 있다.

시제: 현재

전조: 윌리의 테마 음악인 플루트 연주는 그의 아버지의 직
업과 버림받음을 암시한다. 윌리가 린다의 스타킹에 집착하
는 모습은 '여자'와의 불륜을 암시하며, 제1막 시작 전에 있
었던 윌리의 자동차 사고는 제2막의 자살을 예고한다.

어조: 밀러의 무대 지문(地文)과 대사는 진지한 면부터 풍자
적인 면까지 그 어조가 다양하다. 이따금 윌리의 곤경을 다
루는 부분에서는 잔인할 정도로 직설적이지만, 전체적인 어
조는 부드럽다.

주제: 아메리칸 드림, 유기, 배신

모티프: 신화적 인물; 미국 서부, 알래스카, 아프리카 정글

상징: 씨앗, 다이아몬드, 린다와 '여자'의 스타킹, 고무호스

다음 질문에 대해 간단히 서술하시오.(—부분은 참고만 할 것)

1. 윌리의 집은 그의 야망에 대한 은유로서 어떤 기능을 하는가?

   — 윌리와 린다가 집을 구입했을 때는 동네가 지금보다 훨씬 조용하고 탁 트인 공간에 햇빛도 잘 들었다. 당시 윌리는 미래에 대한 야심찬 희망을 지닌 젊은이였고 집은 그가 꿈을 확장할 수 있는 공간을 의미했다. 그러나 윌리가 예순이 넘어 꿈을 이룰 기회도 훨씬 희박해진 지금, 사방이 아파트 건물로 둘러싸여 확장할 공간적 여유도 없고 마당에는 햇빛조차 들지 않는 집은 희망의 축소를 의미한다. 과거에 매주 적지 않은 돈을 벌기 위해 나서곤 했던 그 집은 희망찬 출발과 의기양양한 귀환의 장소였다. 집에 돌아오면 그를 믿고 존경하는 두 아들이 반갑게 맞아주었고, 기대감에 찬 그들의 귀에 대고 직접 사업을 하겠다는 희망을 속삭이기도 했다. 그런 집이 이제는 좌절된 꿈의 장소로 변해 있다.

2. 버림받는 것에 대한 두려움은 윌리의 삶에서 어떤 역할을 하는가?

   — 윌리가 가족을 아메리칸 드림이라는 이상에 부합하도록 만들려고 집착했던 이유는 어린 시절 아버지로부터 버림받은 마음의 상처 때문인 것 같다. 아버지가 아무것도 남기지 않고 그를 떠나버렸기 때문에 두 아들—특히 비프—을 올바른 인생길로 인도해야 할 필요성을 뼈저리게 느끼는 윌리는 자신이 그렇게 할 수 있다고 확신하며, 그 결과 자부심도 높아진다.(자기가 뉴잉글랜드 지역에서 얼마나 유명한지 어린 두 아들에게 말할 때처럼) 그리고 결국 비프가 곧 성공하리

라고 믿는 나머지 2만 달러를 남겨주기 위해 생명을 팔게 된다. 게다가 아버지에 대해 아는 것이 거의 없기 때문에 형에게 부탁해야 두 아들에게 할아버지 얘기를 들려줄 수 있는 처지가 된 것도 버림받은 결과라고 할 수 있다.

'대단한 인기'에 대한 집착 역시 버림받는 것이 두렵기 때문일 가능성이 높다. 윌리는 다소 어린아이처럼 다른 사람의 인정을 간절히 원하며, 만약 조금이라도 자기를 싫어한다는 느낌을 받으면 발끈 화를 내거나 자기연민에 빠지는 식으로 반응한다. 형이 방문했을 때는 자랑스럽게 두 아들을 보여주면서 인정의 말을 들으려고 간청하다시피 한다. 형이 떠나야 한다고 말하자 조금만 더 머물러 달라고 부탁하는 모습에는 버림받는 것에 대한 두려움이 가득하다. 해고를 통해 하워드에게 버림받고 식당에서 두 아들에게 버림받은 후에 풀죽은 아이처럼 귀가하는데, 이처럼 거듭된 충격 이후에는 현실에 얽힌 불쾌한 사실들을 부정하는 환상의 힘마저도 그를 버리고 만다.

3. **윌리와 비프는 비프가 사회생활에서 실패한 이유를 달리 설명하고 있다. 그들의 설명은 어떻게 다른가?**

— 윌리는 자신이 그토록 소중히 여겼던 아메리칸 드림에 대해 비프가 환멸을 느낀 것은 불륜을 목격했기 때문이라고 믿고, '엉터리 사기꾼'이라는 비난을 아들이 자기를 협잡꾼으로 생각한다는 의미로 해석한다. 즉 자신의 불륜 때문에 비프에게 아메리칸 드림을 팔지 못하는 것이라고 믿고 있다. 반면, 비프는 아버지가 잘났다며 너무 띄워준 탓에 남들 밑에서 명령이나 받고 일하는 것을 싫어했기 때문에 실패했다고 믿고 있다. 당연히 성공할 수밖에 없다는 아버지의 허황된 찬사를 믿은 나머지 성실한 노력을 통해 성공하려 들지

않았고, 그 결과 참담한 실패를 맛보았다는 것.

4. 윌리는 두 아들이 십대였던 과거를 아름다운 시절로 기억하고 있다. 그 과거가 윌리의 상상처럼 그다지 아름답지 않았다는 것을 보여주는 증거는?

5. 윌리가 타고난 성향과 맞지 않는 직업을 선택했을지 모른다는 것을 보여주는 증거는?

6. 윌리가 찰리의 일자리 제안을 거절하는 이유는?

7. 윌리는 직업적 열망을 가족관계에도 전이시켜 직업적 삶과 개인적 삶을 같은 것으로 생각한다. 이 같은 성향이 하워드와의 면담에서는 어떻게 나타나는가?

8. 윌리가 사랑받는 것과 '대단한 인기'를 구분하지 못한다는 것을 보여주는 증거는? 그 둘의 개념을 구분하지 못해 생겨나는 결과는?

9. 윌리가 과거의 기억에 빠지는 것은 어떻게 야망 실현의 실패에 대처하는 방법으로서 기능하는가?

10. 윌리의 간절한 아메리칸 드림 추구는 종교적 성전과 어떻게 닮았는가?

다음 질문에 알맞은 답을 고르시오.

1. 극이 시작되기 전, 비프가 서부에서 했던 일은?
   A. 철도 부설 작업
   B. 식기세척기 판매
   C. 농장 일
   D. 은행 강도

2. 비프가 예전에 올리버 상점에서 훔친 물건은?
   A. 농구공 한 상자
   B. 녹음기
   C. 양복
   D. 자동차

3. 비프가 돈을 빌리기 위해 올리버를 만나러 갔다가 그의 사무실에서
   가지고 나온 물건은?
   A. 트로피
   B. 씨앗
   C. 돈
   D. 만년필

4. 윌리가 판매하는 제품은?
   A. 성경책
   B. 가전제품
   C. 스포츠용품
   D. 구체적 언급이 없음

5. 윌리가 담당한 판매구역은?

    A. 뉴잉글랜드

    B. 브룩클린

    C. 퀸스와 롱아일랜드

    D. 뉴저지

6. 해피의 나이는?

    A. 34세

    B. 28세

    C. 32세

    D. 30세

7. 윌리의 아버지가 팔았던 물건은?

    A. 플루트

    B. 사전

    C. 피자

    D. 틀니

8. 윌리의 아버지가 가족을 버리고 이주한 곳은?

    A. 앨라배마

    B. 스페인

    C. 알래스카

    D. 라스베이거스

9. 아버지를 찾아 나섰던 벤의 최종 도착지는?

    A. 아프리카

    B. 알래스카

    C. 브룩클린

D. 보스턴

10. 비프가 '여자'와 함께 있던 윌리를 발견한 곳은?

    A. 맨해튼

    B. 하트포트

    C. 프로비던스

    D. 보스턴

11. 데이브 싱글맨이 세상을 떠날 때의 나이는?

    A. 63세

    B. 84세

    C. 74세

    D. 59세

12. 해피와 비프가 윌리를 초대한 식당 이름은?

    A. 프랭크 식당

    B. 샘스 샌드위치 집

    C. 디바인 씨푸드

    D. 카니지 델리

13. 찰리는 매주 윌리에게 얼마를 주었나?

    A. 150달러

    B. 75달러

    C. 200달러

    D. 50달러

14. 고등학교 시절 비프가 낙제한 과목은?

    A. 수학

B. 영어

C. 물리

D. 역사

15. 해피가 일하는 직장은?

A. 공장

B. 상점

C. 식당

D. 월스트리트

16. 비프가 올리버의 상점에서 근무할 때의 직책은?

A. 세일즈맨

B. 매니저

C. 디스플레이어

D. 발송계원

17. 윌리가 사망한 요일은?

A. 토요일

B. 일요일

C. 화요일

D. 월요일

18. 연극이 시작되기 직전의 출장길에서 윌리가 지나온 도시는?

A. 보스턴

B. 하트포트

C. 버팔로

D. 양커스

19. 윌리가 하워드 올리버의 회사에서 세일즈맨으로 일한 기간은?

A. 34년과 36년 사이

B. 32년

C. 40년

D. 25년

20. 하워드가 사장실에서 윌리에게 보여준 물건은?

A. 만년필

B. 타자기

C. 녹음기

D. 가족사진

21. 성인이 된 버너드의 직업은?

A. 경찰관

B. 변호사

C. 의사

D. 작가

22. 비프가 버너드에게 에베츠 필드에 들고 가도록 허락한 것은?

A. 헬멧

B. 축구공

C. 클릿

D. 어깨보호대

23. 찰리의 비서 이름은?

A. 미셸

B. 질

C. 제니

D. 안젤라

24. 식당에서 해피가 스탠리에게 주문한 음식은?

A. 랍스터

B. 스테이크

C. 송아지고기

D. 붉은 돔

25. 윌리가 스탠리에게 위치를 물은 상점은?

A. 푸줏간

B. 신발가게

C. 스포츠용품점

D. 씨앗가게

정답

1. C   2. A   3. D   4. D   5. A   6. C   7. A   8. C   9. A   10. D

11. B   12. A   13. D   14. A   15. B   16. D   17. C   18. D   19. A   20. C

21. B   22. D   23. C   24. A   25. D

미국에서 1억부 이상 판매된 기적의 논술가이드
클리프노트가 한국에 상륙했다!!

방대한 고전을 하루만에 독파하는 스피드
다락원 명작노트 CliffsNotes™ 시리즈는

▶ 미국대학위원회, 서울대, 연·고대 추천 고전을 알기 쉽게 재구성한 대한민국 대표 논술교과서
입니다. ▶ 작품의 핵심내용과 사상, 역사적 배경, 심볼, 작가의 의도 등을 명확하게 정리하여 방대한 원
작을 쉽고 빠르게 이해할 수 있게 해줍니다. ▶ 미국에서 리포트, 논술용으로 1억 부 이상 팔린 초베스트
셀러의 명성에 비평적 사고와 논리적 글쓰기의 모델을 제시하는 〈一以貫之〉의 논술 노트를 통해 사고 능력,
읽기 능력, 쓰기 능력을 체계적으로 길러줍니다.

★ 〈一以貫之〉 논술연구모임: 대입 논술이 시작될 때부터 학원과 학교에서 논술을 가르쳐온 전문가들의 모임입
니다. 현재 서울·분당·평촌·인천·광주·부산·울산 등의 유명 학원과 고등학교의 논술강의 현장에서 학생들이
'자신의 물음'과 '자신의 생각'을 갖고 '자신의 글'을 쓸 수 있도록 도와주고 있습니다.

작가 노트 | 작가에 대해 꼭 알아야 할 배경지식이 담겨 있습니다.

작품 노트 | 작품의 개요, 전체 줄거리, 등장인물 등 작품 전반을 이해하는 데 필수적인 부분을 실어 놓았습니다.

Chapter별 정리 노트 | 각 장의 '줄거리'와 '풀어보기'가 들어 있습니다. '줄거리'에서는 원작의 내용을 명쾌하게 파악할 수 있습니다. '풀어보기'에서는 원작에 담긴 문학적 경향, 주제, 상징 등을 다루었습니다.

인물분석 노트 | 등장인물에 대한 보다 면밀한 분석이 들어 있습니다.

마무리 노트 | 작품의 주제 등 보다 넓은 시각에서 작품을 볼 수 있도록 도와줍니다.

Review | 작품 이해도를 묻는 질문 코너입니다. 다양한 질문에 답하다 보면 작품에 대한 포괄적이고 의미 있는 파악이 가능해집니다.

一以貫之 논술 노트 | 권말에는 일이관지 논술연구모임에서 작성한 해당 작품과 관련한 논술 노트가 실려 있습니다. 원작을 우리의 삶과 연계시켜 비판적 사고와 논리적 글쓰기의 방향을 제시합니다.

실전 연습문제 | 해당 작품을 바탕으로 출제 가능성이 높은 논점을 함께 숙고해 봅니다.

★ 변형 국판 ★ 각권 8,500원

영어 독해력 증강 프로그램
행복한 명작 읽기

〈행복한 명작 읽기〉는 기초가 약한 영어 초급자나 초, 중, 고 학생들이 보다 즐겁고 효과적으로 명작들을 읽으며 독해력을 키울 수 있도록 개발된 **독해력 증강 프로그램입니다.**

책의 특징

1 골라 읽는 재미가 있다. 초보자를 위한 350단어 수준에서 중고급자를 위한 1,000단어 수준까지 5단계 구성.

2 단계별로 효과적인 영어 읽기 요령과 영문 고유의 참맛을 느낄 수 있는 장치가 곳곳에.

3 읽기만 해도 영어의 키가 쑥쑥 - 해석을 돕는 돼지꼬리(↶), 영어표현 및 문법 설명, 퀴즈가 왕창.

4 체계적인 듣기 학습까지. 전문 미국 성우들의 생동감 넘치는 원음을 담은 오디오 CD 제공.

✖ 왕초보 기초다지기 ✖

쉬운 영문을 통해 영어 독해에 대한 막연한 두려움을 없앤다.

Grade 1 Beginner

350 words

1 미녀와 야수
2 인어공주
3 크리스마스 이야기
4 성냥팔이 소녀 외
5 성경 이야기 1
6 신데렐라
7 정글북
8 하이디
9 아라비안 나이트
10 톰 아저씨의 오두막

Grade 2 Elementary

450 words

11 이솝 이야기
12 큰 바위 얼굴
13 빨간머리 앤
14 플랜더스의 개
15 키다리 아저씨
16 성경 이야기 2
17 피터팬
18 행복한 왕자 외
19 몬테크리스토 백작
20 별 | 마지막 수업

국판 | **Grade 1, 2, 3** 각권 **6,000원**
(오디오 CD 1개 포함)

Grade 4, 5 각권 **7,000원**
(오디오 CD 1개포함)

*어린왕자 **8,000원**
(오디오 CD 2개 포함)

고도를 기다리며 **9,000원
(오디오 CD 2개 포함)

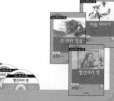

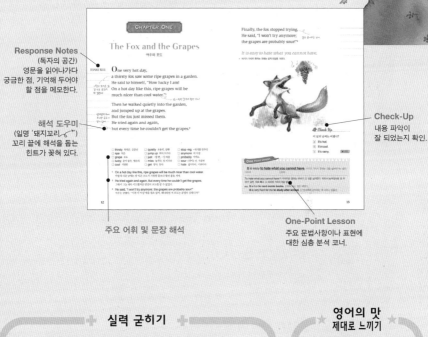

Response Notes
(독자의 공간)
영문을 읽어가다가
궁금한 점, 기억해 두어야
할 점을 메모한다.

해석 도우미
(일명 '돼지꼬리')
꼬리 끝에 해석을 돕는
힌트가 꽂혀 있다.

Check-Up
내용 파악이
잘 되었는지 확인.

주요 어휘 및 문장 해석

One-Point Lesson
주요 문법사항이나 표현에
대한 심층 분석 코너.

실력 굳히기

실력에 맞게 효과적으로 끊어 읽으며 직독직해 훈련을 한다.

영어의 맛
제대로 느끼기

영문판 원서 도전을 위한
전 단계의 준비과정이다.

Grade 3 Pre-intermediate

600 words

21 톨스토이 단편선
22 크리스마스 캐럴
23 비밀의 화원
24 헬렌 켈러, 나의 이야기
25 베니스의 상인
26 오즈의 마법사
27 이상한 나라의 앨리스
28 로빈 후드
29 80일 간의 세계 일주
30 작은 아씨들

Grade 4 intermediate

800 words

31 오페라 이야기
32 오페라의 유령
33 어린 왕자*
34 돈키호테
35 안네의 일기
36 고도를 기다리며**
37 투명인간
38 오 헨리 단편선
39 레 미제라블
40 그리스 로마 신화

Grade 5 Upper-intermediate

1000 words

41 센스 앤 센서빌리티
42 노인과 바다
43 위대한 유산
44 셜록 홈즈 베스트
45 포 단편선
46 드라큘라
47 로미오와 줄리엣
48 주홍글씨
49 안나 카레니나
50 나에겐 꿈이 있습니다
    -명연설문 모음

패턴 따라 쉽게 쓰는 틴틴 영어일기 1, 2

❶ 일상생활 패턴정복
❷ 학교생활 패턴정복

중학교에 다니는 여학생과 남학생이 각각 일상생활과 학교생활
을 중심으로 1년간의 일을 쉽고 재미있게 쓴 영어일기. 중학생이
라면 누구나 한번쯤 겪어봤을 만한 일들을 바탕으로 한 다양한
일기 소재와 어휘가 제공되어 있기 때문에, 영어일기를 통해 영
작을 연습하려는 학습자에게 큰 도움이 될 수 있는 교재이다. 중·
고생뿐만 아니라, 중학 영어를 미리 예습하려는 예비 중학생들에
게도 아주 효과적인 영어 학습서로 강추!

□ 정미선 지음 / 4·6배 변형 / 192면
□ 정가 10,000원 (오디오 CD 1개 포함)

Teen Teen Diary (전3권)

❶ 매일 10단어로 뚝딱 중학생 영어일기

　중1 수준의 어휘와 문장으로, 영어일기와 일상회화에 대한
　감각을 익힌다.

　□ 정미선 지음 / 신국판 / 144면
　□ 정가 7,500원 (테이프 1개 포함)

❷ 매일 5문장으로 술술 중학생 영어일기

　중2 수준의 어휘와 문장으로, 영어일기에 친숙해지고 자신감
　을 쌓는다.

　□ 정미선 지음 / 신국판 / 152면
　□ 정가 7,500원 (테이프 1개 포함)

❸ 매일 내맘대로 쓱싹 중학생 영어일기

　중3 수준의 어휘와 문장으로, 중학영어를 마스터하고 미국의
　일상회화에 익숙해진다.

　□ 정미선 지음 / 신국판 / 144면
　□ 정가 7,500원 (테이프 1개 포함)

지니의 미국생활 영어일기 Hello! America (전2권)

❶ 가을학기　❷ 봄학기

어느 한국 여학생의 미국생활 이야기를 일기 형식으로 담은 책.
1권은 '가을학기', 2권은 '봄학기'편으로, 총 1년간의 미국 학교생
활 및 일상생활에 관한 흥미로운 이야기들이 담겨 있다. 미국 학
생들의 실생활을 바탕으로 한 탄탄한 스토리로 살아 있는 현지
영어와 미국문화를 체험할 수 있을 뿐만 아니라, 영어 독해 및
영작 연습을 할 수 있는 아주 유용한 교재이다.

□ 이지현 지음 / 국배판 변형 / 152면
□ 정가 8,500원